Curso de gramática Langenscheidt

Alemão

Sarah Fleer

Tradução
Saulo Krieger

Langenscheidt

© 2021 Martins Editora Livraria Ltda., São Paulo, para a presente edição.
© 2012 by Langenscheidt GmbH & Co. KG, München
Esta obra foi originalmente publicada em alemão sob o título
Langenscheidt Kurzgrammatik – Deutsch.

Publisher	*Evandro Mendonça Martins Fontes*
Coordenação editorial	*Vanessa Faleck*
Produção editorial	*Carolina Cordeiro Lopes*
Capa	*Douglas Yoshida*
Revisão da tradução	*Petê Rissatti*
Preparação	*Lucas Torrisi*
Revisão	*Renata Sangeon*
	Júlia Ciasca

2ª edição outubro de 2021 | **Fonte** Helvetica Neue LT Std
Papel Offset 90 g/m² | **Impressão e acabamento** EGB

**Dados Internacionais de Catalogação na Publicação (CIP)
Angelica Ilacqua CRB-8/7057**

Fleer, Sarah
　Curso de gramática Langenscheidt : alemão / Sarah Fleer ; tradução de Saulo Krieger. – 2. ed. – São Paulo : Martins Fontes – selo Martins, 2021.
　176 p. : color.

　ISBN 978-65-5554-011-6
　Título original: Langenscheidt Kurzgrammatik – Deutsch

　1. Língua alemã – Gramática 2. Língua alemã – Estudo e ensino I. Título II. Krieger, Saulo

21-3569　　　　　　　　　　　　　　　　　　　　CDD-435

Índice para catálogo sistemático:
1. Língua alemã – Gramática

Todos os direitos desta edição reservados à
Martins Editora Livraria Ltda.
Av. Doutor Arnaldo, 2076
01255-000 São Paulo/SP Brasil
Tel: (11) 3116 0000
info@emartinsfontes.com.br
www.emartinsfontes.com.br

Prefácio

Com nosso **Curso de Gramática – Alemão**, oferecemos um pacote abrangente e fácil para que você tenha uma rápida visão geral: com teste para aferição de nível no início e um método de aprendizado rápido, você chegará a seu objetivo com tranquilidade e rapidez!

De início, você vai encontrar o teste para **Aferição de nível**, destinado a verificar seu estágio na língua. No final, você poderá repeti-lo para verificar seu progresso. Com as respostas, você também receberá recomendações para melhorar seu conhecimento do idioma. Para facilitar o acesso à gramática alemã desde o início, recomendamos ainda **Dicas e macetes** para o aprendizado da gramática.

A **Construção do capítulo** segue uma estrutura clara: em primeiro lugar, as formas são apresentadas, e então seu uso é elucidado com exemplos, sempre com a respectiva tradução. O uso de cores e uma série de símbolos autoexplicativos ajudarão você a se orientar no interior de cada capítulo.

Utilize o método de aprendizagem rápida para ter uma visão geral e memorizar com ainda mais facilidade: uma vez apresentados os temas essenciais, as páginas azuis **Olhando de perto** 🔍 trazem as regras mais importantes, outros exemplos e os erros mais comuns.

As **Indicações de nível** (A1 , A2 , B1 , B2) estão por todo o livro. Elas revelam os temas de gramática e as regras relevantes para o seu nível de aprendizado. Os níveis não estão relacionados apenas ao capítulo de gramática, mas também ao vocabulário utilizado nas sentenças dos exemplos. Desse modo, você também terá mais certeza de que deverá conhecer tal vocabulário.

Na prática, isso significa que, se um capítulo de gramática está classificado, por exemplo, como nível **A1**, todo o vocabulário ali empregado será A1, mas há a possibilidade de serem contemplados em outro estágio, por exemplo, **A2** (nesse caso, a indicação do nível aparecerá logo na frente da respectiva palavra ou sentença). Você deverá ter domínio de todas as regras gramaticais do capítulo, a não ser que uma indicação de nível à margem apareça indicando que a regra em questão é especificada em um mais elevado, por exemplo, **B1**.

Apresentamos uma breve elucidação sobre o Quadro de Referência Europeu de níveis de conhecimento:

A1/A2: *Uso de expressões elementares, isto é:*
A1: Você pode entender e empregar algumas palavras e sentenças bastante simples.
A2: Você é capaz de lidar com situações de conversa do cotidiano e compreender ou mesmo redigir textos curtos.

B1/B2: *Uso de linguagem independente, isto é:*
B1: Você pode entender e se fazer entender perfeitamente, por escrito e oralmente, em situações do cotidiano, viagens e no ambiente profissional.
B2: Você dispõe ativamente de um amplo repertório de estruturas gramaticais e expressões idiomáticas, e, em conversas com nativos da língua, já poderá se valer de nuances estilísticas.

Para verificar o êxito de seu aprendizado de maneira ainda melhor, ao final do livro você encontrará testes

Prefácio

para cada um dos capítulos de gramática. Assim, será capaz de especificar de maneira bastante precisa onde estão seus pontos fracos e quais capítulos de gramática devem ser revistos, bem como identificar os pontos em que já demonstra um bom desempenho.

Agora, desejamos a você um ótimo proveito e sucesso em seu aprendizado de alemão!

Redação Langenscheidt

Símbolos

- ❶ informações sobre singularidades do alemão
- ☼ sentença
- ⇌ contraposição do uso da língua alemã oral e escrita
- ⚡ cuidado, erro muito comum!
- ◐ trata-se de uma exceção!
- L! dica de aprendizado
- ➕ ajuda
- G regra básica
- ▷ remete a temas gramaticais correlacionados

Sumário

Símbolos – Abkürzungen 9
Testes de nível – Niveaustufentests............................... 10
Dicas e macetes – Tipps & Tricks.................................. 18

1 Artigo – Der Artikel 25
   1.1   Artigo definido – Der bestimmte Artikel 25
   1.2   Artigo indefinido – Der unbestimmte Artikel 27

2 Substantivo – Das Substantiv 29
   2.1   Gênero – Das Genus.. 29
   2.2   Plural – Der Plural 33
   2.3   Caso – Der Kasus 35
   2.3.1 A declinação -n – Die N-Deklination 36
   2.3.2 Genitivo com von – Der Genitiv mit von 37
   2.3.3 Declinação de nomes próprios –
          Die Deklination von Eigennamen 37
   2.3.4 Marcas de caso – Kasus-Signale............................ 37

🔍 **Olhando de perto: 1 – 2** 38

3 Adjetivo – Das Adjektiv 41
   3.1   Adjetivo predicativo e adjetivo adverbial –
          Das prädikative und das adverbiale Adjektiv 41
   3.2   Adjetivo atributivo –
          Das attributive Adjektiv 41
   3.3   Adjetivos substantivados –
          Substantivierte Adjektive 45
   3.4   Particípios atributivos – Attributive Partizipien 46

4 Advérbio – Das Adverb 48

5 Comparação – Der Vergleich 50
   5.1   Comparativo – Der Komparativ 51
   5.2   Superlativo – Der Superlativ 52

Sumário

🔍 **Olhando de perto:** ③ – ⑤ 55

⑥ Pronomes – Das Pronomen 58
- 6.1 Pronome pessoal – Das Personalpronomen 58
- 6.2 Pronome es – Das Pronomen es 59
- 6.3 Advérbios pronominais – Pronominaladverbien 62
- 6.4 Pronome possessivo – Das Possessivpronomen 63
- 6.5 Pronome demonstrativo – Das Demonstrativpronomen 65
- 6.6 Pronome relativo – Das Relativpronomen 68
- 6.7 Pronome indefinido – Das Indefinitpronomen 71
- 6.8 Pronome interrogativo – Das Interrogativpronomen 73
- 6.9 Pronome reflexivo – Das Reflexivpronomen 75

🔍 **Olhando de perto:** ⑥ 77

⑦ Verbo – Das Verb 80
- 7.1 Conjugação – Die Konjugationen 80
- 7.1.1 Terminações pessoais – Die Personalendungen 81
- 7.1.2 Verbos fracos, fortes e mistos – Schwache, starke und gemischte Verben 83
- 7.2 Verbo auxiliar – Das Hilfsverb 84
- 7.3 Verbo modal – Das Modalverb 87
- 7.4 Verbos separáveis e não separáveis – Trennbare und nicht-trennbare Verben 89

🔍 **Olhando de perto:** ⑦ 91

⑧ Indicativo – Der Indikativ 94
- 8.1 Presente – Das Präsens 94
- 8.2 Passado – Die Vergangenheit 95
- 8.2.1 Perfeito – Das Perfekt 95

Sumário

    8.2.2 Pretérito – Das Präteritum 97
    8.2.3 Mais-que-perfeito – Das Plusquamperfekt 98
    8.3   Futuro – Das Futur 99
    8.3.1 Futuro I – Das Futur I 99
    8.3.2 Futuro II – Das Futur II 100

Olhando de perto: 8 .... **101**

9 Subjuntivo – Der Konjunktiv **104**
    9.1   Subjuntivo II – Der Konjunktiv II 104
    9.2   Subjuntivo I – Der Konjunktiv I 107

Olhando de perto: 9 .... **109**

10 Imperativo – Der Imperativ **111**

11 Infinitivo – Der Infinitiv **112**
    11.1 Infinitivo puro – Der reine Infinitiv 112
    11.2 Infinitivo com zu – Der Infinitiv mit zu 114

Olhando de perto: 10 – 11 .... **116**

12 Particípio – Das Partizip **119**
    12.1 Particípio I – Das Partizip I 119
    12.2 Particípio II – Das Partizip II 120

13 Voz passiva – Das Passiv **122**

Olhando de perto: 12 – 13 .... **125**

14 Conjunção – Die Konjunktion **127**
    14.1 Conjunção coordenativa –
           Die nebenordnende Konjunktion 127
    14.2 Conjunção subordinativa –
           Die subordinierende Konjunktion 128
    14.3 Advérbios conjuncionais –
           Die Konjunktionaladverbien 130

Olhando de perto: 14 .... **132**

Sumário

15 Oração – Der Satz **135**
   15.1 Predicado – Das Prädikat 135
   15.2 Sujeito – Das Subjekt 135
   15.3 Objeto – Das Objekt 136
   15.4 Advérbio – Das Adverbial 138
   15.5 Atributo – Das Attribut 138
   15.6 Valência do verbo – Die Valenz der Verben 139

**16 Posição dos termos na oração –
Die Wortstellung im Satz** **141**
   16.1 Posições individuais – Die einzelnen Felder 141
   16.1.1 Posição inicial – Das Vorfeld 141
   16.1.2 Posição intermediária – Das Mittelfeld 142
   16.1.3 Posição final – Das Nachfeld 143
   16.2 Oração afirmativa – Der Aussagesatz 144
   16.3 Oração interrogativa – Der Fragesatz 146

Olhando de perto: 15 – 16 .... **148**

17 Negação – Die Verneinung **151**

18 Discurso indireto – Die indirekte Rede **153**

Testes – Tests 155
Respostas – Lösungen 168
Respostas dos testes de nível –
Lösungen der Niveaustufentests 172

Teste de nível A1

Para cada resposta correta, insira um ponto no quadrado pertencente à mesma linha e some os pontos ao final.
No anexo, você encontrará a avaliação e recomendações para aperfeiçoamento.

❶ Artigo
Insira o artigo correto: der, das, die, den.

a. Sie müssen noch ………. Formular ausfüllen.
b. Heute ist ………. Chef im Urlaub.
c. Mir gefällt ………. Musik überhaupt nicht.
d. Gibst du mir bitte ………. Käse?

❷ Substantivo
Escreva a forma plural dos substantivos.

a. Der Garten ……………….
b. Das Glas ……………….
c. Die Sprache ……………….

❸ Pronome pessoal
Introduza o pronome pessoal adequado.

a. Wo ist Sabine? Hast du ………. gesehen?
b. Hallo Klaus. Ich muss ………. was fragen.
c. Ruth und Hans, ich rufe ………. morgen an.

Testes de nível

4) Presente
Complete com os verbos na forma correta.

a. Herr Joop .... 41 Jahre alt. (sein)
b. Oh, du .... ja eine neue Brille! (haben)
c. Welche Zeitung .... Claudia? (lesen)
d. .... du mit dem Auto? (fahren)

5) Verbos modais
Escolha o verbo modal correto.

a. Musst/Möchtest du noch etwas Fleisch?
b. Ich bin krank. Ich darf/muss zum Arzt gehen.
c. Soll/Darf man hier rauchen?
d. Frau Pauli, Sie können/möchten hier warten.

6) Perfeito
Escreva as sentenças no perfeito.

a. Heute arbeitet Herr Kreist bis 20 Uhr.
   Gestern ....
b. Heute essen wir Schweinebraten mit Sauerkraut.
   Gestern ....
c. Heute überweise ich die Miete.
   Gestern ....

Pontuação total

Teste de nível A2

1 Artigo possessivo
Complete com o artigo possessivo no dativo.

a. Karl zeigt .... (seine) Kollegin das Café.

b. Die Musik gefällt .... (mein) Sohn sehr.

c. Ich kann .... (Ihr) Mann diese Salbe empfehlen.

d. Er hat .... (sein) Frau nicht zugehört.

2 Adjetivo
Complete com as terminações corretas dos adjetivos.

a. Wo hat sie die schön........... Blumen gekauft?

b. In der Küche steht ein rund........... Esstisch.

c. Wie finden Sie den neu........... Wagen?

d. Ich suche ein wertvol........... Geschenk.

3 Comparação
Forme sentenças comparativas com o comparativo e als.

a. Berlin (3 Mio. Einwohner) – Hamburg (1,8 Mio. Einwohner)

   ....

b. der Rhein (1233 km) – der Main (569 km)

   ....

c. Mont Blanc (4810 m) – die Zugspitze (2962 m)

   ....

Testes de nível

4 Pronome reflexivo
Complete com os pronomes reflexivos corretos.

a. Ich muss .... um die Blumen meiner Nachbarin kümmern.

b. Hast du .... schon bei ihr entschuldigt?

c. Ihr müsst .... beeilen. Der Zug fährt gleich ab.

d. Hannes unterhält .... noch mit Kollegen.

5 Pretérito
Complete com os verbos a seguir no pretérito: sein, haben, können, müssen.

a. Letzten Sommer .... wir in Rom.

b. .... ihr viel für die Reise bezahlen?

c. Nein, wir .... ein sehr günstiges Hotel.

d. Ich .... leider keinen Urlaub machen.

6 Conjunção
Ligue as partes das orações de modo que adquiram sentido.

1. Das Essen in der Kantine ist schlecht,
2. Wir gehen in der Firmenkantine essen,
3. Wir gehen mittags gern in ein Restaurant,

a. … weil das Essen dort besser schmeckt.

b. … wenn wir nicht genug Zeit haben.

c. … obwohl das Essen nicht billig ist.

Pontuação total

13

Teste de nível B1

① Genitivo
Complete as sentenças com o genitivo.

a. Dies ist das Zimmer .... (mein Sohn).

b. Frau Schulz sucht das Halsband ....
(ihre Katze).

c. Sie müssen mir die Vorteile ....
(die Produkte) unbedingt erklären.

d. Der Garten .... (unsere Nachbarin)
ist sehr gepflegt.

② Pronome relativo
Selecione o pronome relativo correto.

a. Zala ist ein Restaurant, in dem/das man gut essen kann.

b. Das ist Frau Ort, von dem/der ich dir schon erzählt habe.

c. Die Kinder, den/denen wir Nachhilfe gegeben haben, haben gute Noten bekommen.

③ Futuro
Escreva as sentenças no futuro.

a. Ich denke über das Angebot nach.

....

b. Wir machen in zwei Jahren eine Weltreise.

....

Testes de nível

c. Er vergisst ihre Worte nie.

....

4 Mais-que-perfeito
Complete com os verbos no mais-que-perfeito.

a. Vorher .... er einen Termin .... (vereinbaren).

b. Sie aß erst, nachdem sie .... (duschen).

c. Zuerst .... er ins falsche Gebäude .... (gehen).

5 Voz passiva
O que se faz nos locais especificados? Complete as sentenças na voz passiva: Filme drehen, tanzen, Patienten behandeln.

a. Beim Arzt ....

b. Im Studio ....

c. In der Disco ....

6 Oração interrogativa indireta
Complete as sentenças com o pronome interrogativo: ob, wann, wer.

a. Er will wissen, ... der Bus kommt.

b. Sie hat gefragt, ... du gerade arbeitest.

c. Darf ich fragen, ... hier zuständig ist?

Pontuação total

Teste de nível B2

1 Particípio atributivo
Complete com o particípio I ou com o particípio II.

a. Man kann schon die ……………….. Affen hören (schreien).

b. Die Lotion hat eine ……………….. Funktion (schützen).

c. Die Firma hat Anträge mit falsch ……………….. Beträgen geschickt (berechnen).

d. Sie brachten uns eine aus Holz ……………….. Figur mit (schnitzen).

2 Futuro II
Escreva as sentenças no futuro II.

a. Er ist sicher schon losgefahren.

   ………………………………………………………………

b. Was ist da wohl passiert?

   ………………………………………………………………

c. Bis morgen haben Sie den Bericht fertig geschrieben!

   ………………………………………………………………

3 Discurso indireto
Complete o discurso indireto.

a. „Ich habe mit der Affäre nichts zu tun."

   Der Manager versichert, ……………………………… .

Testes de nível

b. „Ich bin ein ausgezeichneter Koch."

   Christoph meint, ...

c. „Es wird keine Entlassungen geben."

   Der Chef sagte, ...

4 Voz passiva
Componha a voz passiva na forma temporal correta.

a. Wir werden das Gebäude nächstes Jahr restaurieren.

   ....

b. Man sprach nie über die Vergangenheit.

   ....

c. Man hatte die Mitglieder vorher nicht eingeweiht.

   ....

5 Advérbio conjuncional
Complete as sentenças com os seguintes advérbios:
folglich, jedoch, andernfalls.

a. Der Minister wird teilnehmen, ... erst am zweiten Tag anreisen.

b. Sie müssen sich sofort melden, ... wird ihr Platz vergeben.

c. Er kam oft zu spät, ... wurde ihm gekündigt.

Pontuação total

Tipps & Tricks

Dicas e macetes: aprenda gramática de uma maneira bem fácil

Você não sente inveja de certas crianças, que aprendem uma língua de maneira casual sem se preocupar com regras gramaticais maçantes ou construções equivocadas? Para nós, realmente não é possível compreender a gramática de maneira tão despreocupada, seja do nosso idioma, com o qual temos familiaridade, seja de um idioma totalmente novo, como o alemão. Mesmo assim, aprender uma língua e, sobretudo, a sua gramática não precisa ser necessariamente um exercício inflexível e decorado, enfim, um trato monótono com regras empoladas. Para facilitar o acesso à gramática, apresentamos algumas dicas e macetes práticos para o seu aprendizado.

L! A lei da regularidade
A gramática é como um esporte. Quem só treina a cada ano bissexto jamais será um maratonista. É mais razoável aprender continuamente e aos poucos do que aprender muito conteúdo e com pouca regularidade. Imponha para você um determinado momento em que poderá se dedicar ao estudo da língua estrangeira sem perturbações. Por exemplo, pratique todos os dias quinze minutos antes de dormir ou três vezes por semana na pausa para o almoço. O que será decisivo será o aprendizado contínuo, pois só assim você poderá treinar sua memória de longo prazo.

L! O aquecimento vale a pena
Repetir matéria conhecida é como fazer uma corrida leve: para se aquecer, vá por uma trilha conhecida antes de ousar um novo caminho. Mesmo que você descubra

novas regras gramaticais o tempo todo, o que já foi aprendido não deve ser deixado de lado.

L! O sal na comida
Procure não se concentrar em muitas regras gramaticais de uma só vez. Perde-se facilmente a visão geral, e os detalhes caem no esquecimento. Utilize a gramática do mesmo modo que coloca sal na comida. Assim como se pode deixar a comida excessivamente salgada, o aprendizado de uma língua estrangeira pode ser dificultado quando se introduz um excesso de regras gramaticais de uma só vez. Opte por um aprendizado lento, contínuo e orientado para um fim, demorando-se em cada passo. Enfim, seja paciente!

L! Quem já é perfeito...
Relaxe! Não deixe que o conceito de perfeição domine seus pensamentos. A perfeição não deve ser a prioridade quando se aprende uma língua estrangeira. Compreender a língua e saber como ela funciona deve ser o foco.

L! Análise de erros contra armadilhas
Não tenha medo de errar! O objetivo do aprendizado não é não cometer erros, mas perceber os erros cometidos. Somente quem reconhece um erro pode evitá-lo posteriormente. Para isso, o domínio das regras fundamentais da gramática é muito útil: por um lado, para compreender um erro e, talvez, a expressão de espanto ou incompreensão do interlocutor, por outro, para não cair na mesma armadilha numa segunda vez.

L! Não fique de escanteio
A gramática é apaixonante quando você lança um olhar às suas estruturas. Também nesse sentido, ela funciona

como no esporte. Qualquer esporte só se torna realmente interessante quando suas regras são entendidas. Ou você assistiria a um jogo de futebol ou de tênis se esses esportes parecessem algo sem sentido? Considere a língua estrangeira uma espécie de esporte, cujas regras complicadas você aprende pouco a pouco, e, com base nelas, pode participar e conversar, e não ficar de escanteio.

L! Qual o seu tipo?

Descubra o seu tipo de aprendizado. Ao aprender, você já memoriza uma regra ao ouvi-la (tipo auditivo) ou precisa ver (tipo visual, tipo leitura) e então escrever (tipo escrita) ao mesmo tempo? Você gosta de testar regras gramaticais desempenhando pequenos papéis (tipo cinestésico)? A maior parte das pessoas tende a um tipo ou outro de aprendizado. Tipos "puros" de aprendizado são muito raros. Por isso, você deve descobrir tanto o seu tipo como os hábitos de aprendizado de sua preferência. Portanto, mantenha os olhos e os ouvidos abertos e procure conhecer aos poucos, mas com convicção, qual o seu tipo de aprendizado.

L! Deixe mensagens num *post-it*

Com *post-its* já foram feitos pedidos de casamento e relações já foram terminadas. Assim, não é de se admirar que também se possa aprender gramática por meio deles. Escreva algumas regras (o melhor é fazê-lo com exemplos) separadamente numa folha de papel ou em *post-its* e cole-os num lugar onde possa vê-los diariamente, como no banheiro, sobre o espelho, no computador, na geladeira ou junto da máquina de café. Assim, você vai internalizando determinadas regras. O olhar ajuda no aprendizado.

Dicas e macetes

L! **Sentenças como exemplo contra comida seca**
A comida seca é difícil de digerir. Assimilar algumas regras gramaticais a seco também é. Se você não gostar dos exemplos que encontrar em seus livros didáticos, formule seus próprios exemplos!
Pode-se progredir buscando exemplos de aplicação concreta em textos originais (jornais, livros, filmes, letras de música). Assim, a gramática "desce" com mais facilidade.

L! **Converse com você mesmo**
Escolha conceitos gramaticais particularmente difíceis, escreva alguns exemplos relacionados e enuncie-os em voz alta para si mesmo, por exemplo, no banho, ao caminhar ou durante uma viagem de carro mais longa. Converse com você mesmo na língua estrangeira, e assim você vai fixar rapidamente mesmo os usos mais complicados.

L! **Gramática** *à la carte*
Assim como no aprendizado vocabular, também é possível dispor de uma espécie de ficheiro com algumas dicas no aprendizado gramatical. Em um dos lados, escreva uma regra, uma exceção ou uma palavra-chave, e, no outro, exemplos, usos ou soluções. Consulte as fichas regularmente e selecione aquelas com que você, paulatinamente, for adquirindo familiaridade.

L! **Você já tem um plano?**
Escreva regras gramaticais de um mesmo grupo num grande arco desenhado numa folha de papel, de maneira breve e precisa, usando desenhos, indicações e breves exemplos. A ideia é torná-los visíveis juntos e elaborar um plano pessoal. Com a ajuda dos chamados *mind*

maps, você obterá uma visão rápida da estrutura da língua pela pura e simples elaboração do plano, podendo proporcionar uma rápida visão geral. Se esse papel deve ou não ficar fixado em algum lugar não é o mais importante, porque você terá o plano na cabeça.

L! Aprender com vista para o mar
Experimente aprender uma regra gramatical ouvindo sentenças que servem como exemplos. É mais fácil memorizar exemplos do que a regra em estado puro, que lhe parecerá estranha; assim você também poderá aprender a respectiva regra mais depressa. É bom ter sempre à mão expressões e acompanhar a gramática relacionada, pois facilita a compreensão de situações recorrentes quando se está no exterior. Afinal, para que se enfiar em um livro repetindo os pronomes relativos quando se pode simplesmente alugar um quarto de hotel com vista para o mar?

L! Movimente-se
Para aprender, você não precisa necessariamente estar à mesa escrevendo. Levante-se, suba e desça até o quarto ou repita a nova regra ao dar um passeio, durante uma corrida ou natação. O cérebro funciona comprovadamente melhor quando o corpo está em movimento.
E a circulação sanguínea agradece.

L! Gramática com rimas
Truques de memória, rimas, formação de palavras e associações diversas são muito úteis no aprendizado de regras gramaticais. Macetes que já ajudaram no aprendizado de história, por exemplo, servirão também no aprendizado de línguas.

Dicas e macetes

L! Dê asas à imaginação
No sentido mais verdadeiro da palavra, componha uma imagem da situação, pois também as imagens que você mentaliza servem de lembrete à memória. Portanto, procure associar um novo conceito gramatical ou uma regra difícil com alguma imagem fácil. Relembrar os tempos verbais, em especial, é algo que funciona melhor quando você tem uma ideia visual do respectivo tempo verbal. Essas ideias podem ser abstratas ou concretas. Quanto mais carregada de sensação for uma imagem, mais forte será a ligação com o conteúdo gramatical em questão.

L! A pergunta fundamental: e como lidar com a língua materna?
Pense um pouco em seus próprios hábitos linguísticos e observe as regras de sua língua materna. As normas da língua estrangeira são muito mais fáceis de demonstrar e de aprender quando se conhecem as diferenças entre as próprias línguas.

L! Trocando a gramática por uma lasanha
Procure explicar para outra pessoa (filho, cônjuge, amigo) as peculiaridades gramaticais de uma língua estrangeira. A melhor maneira de aprender é ensinando o outro, pois assim você toma consciência das regras mais uma vez. Mire-se no exemplo do seu filho lhe ensinando como mandar um torpedo ou de sua sogra ao lhe ensinar uma receita de lasanha.

L! Treine seu ritmo
Quando quiser aprender regras gramaticais, expressões fixas ou frases de exemplo, repita batendo em ritmo (por exemplo, no tampo da mesa). O ritmo aumenta a capacidade da memória. Eventualmente, o apoio musical tam-

bém ajuda na forma de música de fundo. E na repetição de regras e estruturas, você pode botar à prova seu ritmo e sua memória.

L! Quem lê sai na frente!

Quem lê muito, absorve detalhes linguísticos e estruturas inconscientemente e traz confiança nas particularidades de um idioma. Na leitura, também é possível unir o útil ao agradável: enquanto se absorve informações, também se aprende coisas interessantes ou simplesmente se atualiza nas leituras e, ao mesmo tempo, se afia o senso para o idioma sem se fixar conscientemente na gramática. Procure tipos de texto de que você mais goste: seja artigos de jornal, romances de amor ou policiais. Quem lê sai na frente. Não importa o que seja: ao ler, a alegria com o idioma deve ser o foco.

Der Artikel

1 Artigo

☼ O artigo concorda em número, gênero e caso com o substantivo que o acompanha. O substantivo poderá aparecer ou com artigo definido (der, das, die), ou com artigo indefinido (ein, ein, eine), ou então *sem* artigo.

1.1 Artigo definido

Formas

	Masculino	Neutro	Feminino	Plural
Nominativo	der Stuhl (a cadeira)	das Kind (a criança)	die Katze (o gato)	die Kinder (as crianças)
Acusativo	den Stuhl (a cadeira)	das Kind (a criança)	die Katze (o gato)	die Kinder (as crianças)
Dativo	dem Stuhl (da cadeira)	dem Kind (da criança)	der Katze (do gato)	den Kindern (das crianças)
Genitivo	des Stuhls (da cadeira)	des Kindes (da criança)	der Katze (do gato)	der Kinder (das crianças)

☼ O artigo definido pode-se fundir com uma preposição nos seguintes casos: am, im, zum, beim, vom (an dem, in dem, zu dem, bei dem, von dem), ins (in das), zur (zu der).
➡ Na língua falada existem ainda outras formas: ans (an das), aufs (auf das), fürs (für das), hinterm (hinter dem), überm (über dem) etc.

A fusão entre artigo e preposição aparece, sobretudo, em:
- indicações de tempo: **am** Dienstag (na terça-feira), **im** Juli (em julho)
- identificação de objetos ou lugares: **im** Allgäu (em Allgäu), **ins** Bett gehen (ir para a cama)
- em infinitivos substantivados: **zum** Essen kommen (ir comer)

- em infinitivos substantivados: **zur** Verfügung stellen (colocar à disposição), **zur** Kenntnis nehmen (ter conhecimento de), **im** Stich lassen (abandonar)

Uso

O artigo definido é inserido antes de um substantivo que:
- for de conhecimento universal:
  Die Erde A2 dreht sich um **die** Sonne. (A Terra gira em torno do Sol.)
- torna-se conhecido na situação:
  Der Zug kommt gleich. (O trem já vai chegar.)
- for nomeado anteriormente no texto ou sobre o qual já se tenha falado:
  Ich kaufe ein Auto. **Das** Auto ist zwei Jahre alt.
  (Eu comprarei um carro. O carro tem dois anos.)

⚡ De modo geral, não se usa artigo:
- em indicações de lugar e nomes de países:
  Er wohnt in Berlin. Ich komme aus Europa. (Ele mora em Berlim. Eu venho da Europa.)

  ◐ O artigo definido é inserido antes dos seguintes topônimos:
  - nomes de países terminados em -ei: **die** Türkei, **die** Slowakei, **die** Mongolei (L! substantivos terminados em -ei são sempre femininos)
  - nomes de países no plural: **die** Niederlande
  - quando o nome do país trouxer consigo outro substantivo: **die** Bundesrepublik Deutschland
  - exceções: **die** Schweiz; ⚡ Atenção: **der** Iran, **der** Irak, **der** Libanon também podem ser grafados sem artigo!
  - nomes de acidentes geográficos e regiões: **das** Allgäu, **der** Schwarzwald
  - nomes de montes e montanhas: **die** Zugspitze, **die** Alpen

- nomes de rios e lagos: **die** Donau, **der** Bodensee
- em nomes de pessoas:
  Ich habe Moritz getroffen. (Encontrei Moritz.)
- em nomes de substâncias e nomes abstratos:
  Ich trinke gern Wein. Liebe macht **A2** blind.
  (Eu gosto de beber vinho. O amor é cego.)
  🕪 Quando se tem em mente algo determinado, identificável, usa-se o artigo definido:
  Michaela ist **die** Liebe seines Lebens. (Michaela é o amor da sua vida.)

1.2 Artigo indefinido

A1

Formas

	Masculino	Neutro	Feminino	Plural
Nominativo	ein Stuhl (uma cadeira)	ein Kind (uma criança)	eine Katze (um gato)	Kinder (umas crianças)
Acusativo	einen Stuhl (uma cadeira)	ein Kind (uma criança)	eine Katze (um gato)	Kinder (umas crianças)
Dativo	einem Stuhl (de uma cadeira)	einem Kind (de uma criança)	einer Katze (de um gato)	Kindern (de umas crianças)
Genitivo	eines Stuhls (de uma cadeira)	eines Kindes (de uma criança)	einer Katze (de um gato)	Kinder (de umas crianças)

A2

B1

⚡ O plural do artigo indefinido é uma forma nula:
ein Stuhl → Stühle, ein Kind → Kinder.

💡 A forma negativa do artigo indefinido apresenta-se como **kein/kein/keine**. No plural, **kein** tem as mesmas terminações que o artigo possessivo **mein** (▷ 6.4).

Uso

O artigo indefinido é empregado quando o substantivo caracteriza algo novo ou desconhecido:
Ich kaufe **ein** Auto. Das Auto ist zwei Jahre alt. (Eu comprarei um carro. O carro tem dois anos.)

⚡ O artigo indefinido não é usado:
- em nomes de substâncias e nomes abstratos:
  Ich trinke gern Wein. Liebe macht A2 blind. (Eu gosto de beber vinho. O amor é cego.)
  ◐ Quando se quiser fazer menção a propriedades especiais, emprega-se o artigo indefinido:
  Ich suche **einen** trockenen Rotwein. (Procuro um vinho tinto seco.)
- em profissões, nacionalidades ou religiões:
  Sie ist Ärztin. Er ist Österreicher. Sie ist Jüdin. (Ela é médica. Ele é austríaco. Ela é judia.)
- em expressões de uso frequente, por exemplo: Angst haben, Auto fahren (Ter medo. Dirigir automóvel.)
- em formas determinadas: über Stock und Stein (de uma ponta a outra)
- em expressões coloquiais: Ende gut, alles gut. (Tudo vai bem quando acaba bem.)

2 Substantivo A1

ℹ️ Todo substantivo apresenta determinado gênero (masculino, neutro ou feminino), número (singular ou plural) e caso (nominativo, acusativo, dativo ou genitivo). O gênero de um substantivo é fixo; o caso depende do papel do substantivo na oração; e o número, da intenção expressa.

2.1 Gênero A1

ℹ️ Na maior parte dos casos, o gênero é arbitrário, só se dando a conhecer pelo artigo (der, das ou die). L! Em alemão, a forma do substantivo raramente é a chave para se definir seu gênero – por isso, o melhor a fazer é aprender o substantivo juntamente com seu artigo!

ℹ️ Nem sempre os gêneros em alemão e português coincidirão.

☼ No plural, não existe diferença de gênero, e o artigo sempre é die (▶ 2.2).

São do gênero masculino:
• Substantivos que caracterizem pessoas do sexo masculino: **der** Arzt, Chef, Mann, Neffe, Onkel, Sohn, Vater (o médico, chefe, homem, sobrinho, tio, filho, pai)
Entre eles também estão substantivos com as terminações:

-er: **der** Lehrer, Sänger, Schüler, Rentner, Sportler
(o professor, cantor, aluno, pensionista, esportista)
-ent/-ient/-and/-ant: **der** Präsident, Patient, (o presidente, paciente)
B2 Doktorand, B2 Fabrikant (doutorando, fabricante)
-är/-eur/-ör: B2 **der** Revolutionär, Friseur, Frisör (o revolucionário, barbeiro, cabeleireiro)
-ier: B2 **der** Bankier, B2 Offizier (o banqueiro, oficial)

Substantivo

-or: **der** Aut**or**, Dokt**or** (o autor, doutor)
-ist: **der** Poliz**ist**, B2 Real**ist**, B2 Kommun**ist** (o policial, realista, comunista)
-e: **der** Dän**e**, Franzos**e**, Pol**e**, Russ**e**, Jung**e**, Kolleg**e** (o dinamarquês, francês, polonês, russo, menino, colega)

B1 • Substantivos com as terminações:

-er (aparelhos): **der** Comput**er**, Fernseh**er**, Rechn**er** (o computador, a televisão, a calculadora)
outros: **der** Fing**er**, Hamm**er** (o dedo, martelo)
(🔴 mas: **die** Butt**er**, Mutt**er**, Op**er**, Schwest**er** etc., **das** Alt**er**, Fenst**er**, Mess**er**, Wass**er**, Zimm**er** etc.)
(a manteiga, a mãe, a ópera, a irmã, a idade, janela, a faca, a água, o quarto)
-ling: **der** Früh**ling**, Lehr**ling**, Säug**ling**, Schmetter**ling** (a primavera, o aprendiz, o lactente, a borboleta)
-ig/-ich: **der** Ess**ig**, Hon**ig**, Kön**ig**, Pfirs**ich**, Tepp**ich** (o vinagre, o mel, o rei, o pêssego, o tapete)

B2 • Substantivos derivados de verbos (sem -en): **der** Befehl, Beginn, Besitz, Flug, Plan, Ruf, Schlaf (a ordem, o início, a posse, o avião, o plano, o chamado, o sono)
• períodos (dias/meses/estações do ano): **der** Dienstag, Mittwoch, Mai, Juni, Frühling, Sommer (a terça-feira, a quarta-feira, maio, junho, a primavera, o verão)
• fenômenos climáticos: **der** Hagel, Regen, Schnee (o granizo, a chuva, a neve)
• marcas de automóveis e trens: **der** BMW, ICE
• bebidas alcoólicas: **der** Wein, 🔴 **das** Bier (o vinho, a cerveja)
• minerais e pedras: **der** Fels, Granit, Marmor (a rocha, o granito, o mármore)

Substantivo

São do gênero neutro:
- Substantivos com as terminações: **B1**

-chen/-lein: **das Häuschen, Würstchen, Vöglein**, (a casinha, a salsichinha, o passarinho)
(⚡ também pessoas do sexo feminino: **das Mädchen** [a menina])
-um: **das Datum, Museum, Studium, Zentrum** (a data, o museu, o curso universitário, o centro)
-ma: **das Klima, Thema** (o clima, o tema)
-ment: **das Instrument, Parlament, Element** (o instrumento, parlamento, elemento)
-o/-eau: **das Kino, Radio, Motto, Niveau** (o cinema, rádio, lema, nível)
-at: **das Sekretariat, das Plakat** (o secretariado, cartaz)

- Verbos substantivados com as terminações: **B1**

-en: **das Essen, Lesen, Schreiben, Trinken** (o comer, o ler, o escrever, o beber)
-ing: **das Training, Jogging, Camping** (do inglês) (o treino, a corrida, o acampamento)

- idiomas: **das Deutsche, Englische, Französische** (o alemão, inglês, francês)
- substantivos derivados de adjetivos, incluindo nomes **B2** de cores: **das Gute, Schöne, Wahre; Blau, Lila** (o bom, o belo, o verdadeiro; o azul, o lilás)
- topônimos que contenham em si um atributo: **das schöne Berlin/Rom, das alte China/Italien** (a bela Berlim/Roma, a velha China/Itália)

Substantivo

Os substantivos a seguir são de gênero feminino:
- Substantivos que caracterizem pessoas do sexo feminino: **die** Frau (mulher), Mutter (mãe), Tante (tia), Tochter (filha), Schwester (irmã)
(🔊 **das** Mädchen, **das** Fräulein)

B1 • Substantivos com as terminações:

> -ung: **die** Anmeld**ung**, Heiz**ung**, Zeit**ung** (o registro, o aquecimento, o jornal)
>
> -heit/-keit: **die** Frei**heit**, Möglich**keit** (a liberdade, a possibilidade)
>
> -schaft: **die** Freund**schaft**, Gesell**schaft** (a amizade, a sociedade)
>
> -e: **die** Erd**e**, Frag**e**, Hilf**e**, Reis**e**, Sprach**e**, Sonn**e** (a terra, a pergunta, a viagem, a língua, o sol)
> (🔊 Exceções: pessoas do sexo masculino, bem como animais: **der** Junge, Affe, **das** Auge, Ende) (o menino, o macaco, o olho, o fim)
>
> -ei: **die** Bäcker**ei**, Bücher**ei**, Metzger**ei** (a padaria, a livraria, o açougue)
>
> -ität: **die** National**ität**, Univers**ität** (a nacionalidade, universidade)
>
> -ion: **die** Informat**ion**, Dis**kussion**, Rezept**ion** (a informação, discussão, recepção)
>
> -ik: **die** Mus**ik**, Polit**ik**, Krit**ik**, Techn**ik** (a música, política, crítica, técnica)

B1 • substantivos derivados de verbos com terminação -t: **die** Furch**t**, Sich**t**, Ta**t** (frequentemente) (o medo, a visão, a ação)
- números e notas: **die** Eins, Zwei, Sieben, Dreizehn (o um, dois, sete, treze)

- navios, aviões e marcas de motocicletas: **die** Titanic, Boeing, Vespa
- flores e árvores: **die** Rose, Tanne (a rosa, o abeto)

⚡ São neutros ou femininos os substantivos com as seguintes terminações:

	Feminino	Masculino
-nis	**die** Kennt**nis**, Finster**nis** (o conhecimento, as trevas)	**das** Ereig**nis**, **das** Missverständ**nis** (o acontecimento, mal-entendido)
-sal	**die** Drang**sal** (a privação)	**das** Schick**sal** (o destino)

⚡ São masculinos ou neutros os substantivos com a terminação a seguir:

	Masculino	Neutro
-tum	**der** Irr**tum**, der Reich**tum** (o erro, reino)	**das** Alter**tum**, das Eigen**tum** (a antiguidade, propriedade)

☼ Em substantivos compostos, é sempre o gênero do último substantivo que determinará o gênero da palavra inteira: das Haus + die Tür → **die** Haustür + der Schlüssel → **der** Haustürschlüssel. (a casa + a porta → a porta da casa + a chave → a chave da porta da casa).

2.2 Plural

❶ Em alemão, o substantivo apresenta terminação somente no plural. O singular mantém-se sem marca alguma que o caracterize. Para todos os substantivos, a forma plural do artigo é die.

Substantivo

Formas

❶ Para a formação do plural, existem cinco terminações possíveis:

N	= terminação -n ou -en	Rose → Rosen (rosa)
E	= terminação -e	Tier → Tiere (animal)
R	= terminação -er	Bild → Bilder (imagem)
S	= terminação -s	Auto → Autos (carro)
Ø	= nenhuma terminação	Lehrer → Lehrer (professor)

B1 São de validade universal as regras a seguir:
- plural com sufixo -n: ☼ A terminação será em -n, quando o substantivo terminar em -e átono; em todos os outros casos, a terminação será em -en: die Hose (a calça) → die Hosen, die Zeitung (o jornal) → die Zeitungen.
⚡ No plural com -n, não há incidência de trema.
- plural com sufixo -e: ☼ A terminação plural -e se aplica sobretudo a nomes masculinos e neutros: der König (o rei) → die Könige. Frequentemente, os substantivos masculinos apresentam também um trema.
- plural com sufixo -r: ☼ A terminação plural -er se aplica sobretudo em substantivos neutros (monossílabos), muitas vezes também com trema: das Buch (o livro) → die Bücher. ⚡ Não se aplica o plural com -r a substantivos femininos.
- plural com sufixo -s: ☼ A terminação plural -s aplica-se a todos os três gêneros, sem o uso de trema: die Oma (a avó) → die Omas, das Kino (o cinema) → die Kinos, der Lkw (o caminhão) → die Lkws.
- plural sem marcação sufixal: ☼ O plural nulo, isto é, a ausência de terminação plural, incide sobretudo em substantivos masculinos (frequentemente com trema): der Lehrer (o professor) → die Lehrer.

2.3 Caso

❶ Enquanto nos substantivos o plural é nitidamente marcado (▶ 2.2), a marcação dos casos gramaticais (nominativo, acusativo, dativo, genitivo) é bastante rara.

Formas

	Singular			
	Masculino		**Neutro**	**Feminino**
Nominativo	Mann (homem)	Herr (senhor)	Kind (criança)	Frau (mulher)
Acusativo	Mann (o homem)	Herr**n** (o senhor)	Kind (a criança)	Frau (a mulher)
Dativo	Mann (do homem)	Herr**n** (do senhor)	Kind (da criança)	Frau (da mulher)
Genitivo	Mann**es** (do homem)	Herr**n** (do senhor)	Kind**es** (da criança)	Frau (da mulher)

	Plural				
	-n	-e	-r	-s	∅
Nominativo	Frauen (as mulheres)	Leute (as pessoas)	Männer (os homens)	Babys (os bebês)	Lehrer (dos professores)
Acusativo	Frauen (as mulheres)	Leute (as pessoas)	Männer (os homens)	Babys (os bebês)	Lehrer (dos professores)
Dativo	Frauen (das mulheres)	Leute**n** (das pessoas)	Männer**n** (dos homens)	Babys (dos bebês)	Lehrer**n** (dos professores)
Genitivo	Frauen (das mulheres)	Leute (das pessoas)	Männer (dos homens)	Babys (dos bebês)	Lehrer (dos professores)

☼ Os substantivos femininos não apresentam terminação de caso no singular – nem no nominativo, nem no genitivo, nem no acusativo plural. No plural, o dativo tem a terminação **-n**, o que não se aplica ao plural com os sufixos **-n** ou **-s**.

B1 ☼ O genitivo dos substantivos masculinos e neutros é indicado pelo sufixo -s ou -es: der Bus (ônibus) → des Busses, der Abend (noite) → des Abends.

B1 ### 2.3.1 A declinação -n

☼ No acusativo, no dativo e no genitivo, um pequeno grupo de substantivos de gênero masculino recebe o sufixo -(e)n.

	Singular			Plural	
Nominativo	der Herr (o senhor)	der Mensch (o ser humano)	der Junge (o menino)	der Löwe (o lobo)	die Löwen (os lobos)
Acusativo	den Herrn (o senhor)	den Menschen (o ser humano)	den Jungen (o menino)	den Löwen (o lobo)	die Löwen (os lobos)
Dativo	dem Herrn (do senhor)	dem Menschen (do ser humano)	dem Jungen (do menino)	dem Löwen (do lobo)	den Löwen (dos lobos)
Genitivo	des Herrn (do senhor)	des Menschen (do ser humano)	des Jungen (do menino)	des Löwen (do lobo)	der Löwen (dos lobos)

A esse grupo pertencem os substantivos a seguir:
- der Bauer, Held, Affe, Elefant (o camponês, herói, macaco, elefante)
- der Junge, Bote, Däne (o menino, mensageiro, dinamarquês) (caracterizações de pessoas terminadas em -e)
- der Student, Patient (o estudante, paciente)

⚡ Alguns substantivos masculinos recebem o sufixo -n, no acusativo e no dativo; no genitivo, -ns:

Nominativo	Acusativo	Dativo	Genitivo
der Name (o nome)	den Namen (o nome)	dem Namen (do nome)	des Namens (do nome)

2.3.2 Genitivo com von

☼ Quando um substantivo é empregado no genitivo sem artigo ou adjetivo, a forma genitiva é expressa pela preposição von: das Verbot **von** Alkohol (a proibição do álcool) (◐ mas: das Verbot des Alkohols/das Verbot ausländischen Alkohols), (a proibição do álcool/a proibição do álcool estrangeiro), die Einfuhr **von** Zitronen (a importação de limões) (◐ mas: die Einfuhr der Zitronen/die Einfuhr spanischer Zitronen) (a importação de limões/a importação de limões espanhóis).

2.3.3 Declinação de nomes próprios

☼ Os nomes próprios declinam somente no genitivo, acrescentando-se o sufixo -s: Lisas, Pauls, Schillers, Europas.

O genitivo pode incidir *antes* ou *depois* do substantivo de referência: Lisas Geschenke – die Geschenke Lisas.

2.3.4 Marcas de caso

Marcas de casos dos artigos e substantivos, respectivamente:

	Masculino		Neutro		Feminino		Plural	
Nominativo	r	–	s	–	e	–	e	–
Acusativo	n	(en)	s	–	e	–	e	–
Dativo	m	(en)	m	–	r	–	n	-n
Genitivo	s	-s/(en)	s	-s	r	–	r	–

Olhando de perto 🔍

Artigo

Diante de substantivos, normalmente, são inseridos ou o artigo definido (der, die, das), ou o artigo indefinido (ein, eine, ein). O plural dos artigos definidos é sempre die. O artigo indefinido no plural tem sempre a forma negativa keine. A depender do caso do substantivo, as formas do artigo se alteram.

⚡ O artigo de alguns substantivos pode diferir de acordo com a região: **der** ou **das** Gummi (borracha), **der** ou **das** Joghurt (iogurte), **das** ou **die** Cola (refrigerante).

Uso

O artigo definido é inserido antes de substantivos conhecidos ou já mencionados:
Dort liegt eine Tasche. **Die** Tasche gehört Martina. (Ali está uma bolsa. A bolsa pertence a Martina.)
Der Rhein fließt durch Deutschland. (O Reno corta a Alemanha.)
O artigo neutro das também pode aparecer antes de verbos e adjetivos substantivados: Man kann **das** Rauschen des Meeres hören. **Das** Rot des Sofas ist mir zu grell. (Pode-se ouvir o barulho do mar. O vermelho do sofá é muito gritante para mim.)
O artigo indefinido é inserido antes de substantivos ainda não conhecidos ou que não foram mencionados:
Dort liegt **eine** Tasche. Die Tasche gehört Martina. (Ali está uma bolsa. A bolsa pertence a Martina.)
Ich kaufe mir heute **eine** Hose. (Hoje vou comprar para mim um par de calças.)

> **Olhando de perto**

⚡ Não se usa artigos antes de:
- substantivos em títulos e manchetes: **Katastrophe: Waldbrand** in Griechenland. (Catástrofe: incêndio florestal na Grécia.)
- indicações de tempo com es + sein/werden: Es wird Abend. (Está anoitecendo.)
- indicações de tempo sem preposição + adjetivo: Letztes Jahr haben wir geheiratet. (Nós nos casamos ano passado.)

Substantivo

Plural

Em alemão, existem cinco diferentes desinências de plural: -(e)n, -e, -er, -s e o plural sem desinência. Nos casos com os sufixos -e, -r e sem desinência, as vogais do radical a, o, u e do ditongo au frequentemente recebem trema: der Hut (o chapéu) – die Hüte, das Haus (a casa) – die Häuser, die Mutter (a mãe) – die Mütter.

ℹ️ Como as regras para as formas plurais são muito abrangentes, o melhor modo de aprender a forma plural é fazê-lo juntamente com o singular e o artigo.

⚡ Alguns substantivos têm apenas a forma singular ou a forma plural:
Somente singular: por exemplo, das Besteck, der Kaffee, das Mehl, das Glück (os talheres, o café, a farinha, a felicidade).
Somente plural: por exemplo, die Bedenken (a consideração), die Eltern (os pais), die Kosten (os custos), die Ferien (as férias), die Lebensmittel (os gêneros alimentícios), die Trümmer (as ruínas).

Olhando de perto

Caso

Reconhece-se o caso gramatical de um substantivo (nominativo, acusativo, dativo ou genitivo) pela forma do artigo e, apenas em poucos casos, pela terminação do substantivo.

Em substantivos no singular, tem-se hoje apenas a declinação com sufixo -n no acusativo, no dativo e no genitivo, bem como no genitivo do masculino e em substantivos neutros. No plural, o dativo tem a terminação -n, o que não se aplica ao plural com os sufixos -n ou -s.

❶ A terminação antiga do dativo singular masculino e neutro, -e, conserva-se apenas em expressões fixas: in diesem Sinne (nesse sentido), zu Wasser und zu Lande, (na água e na terra), dem Manne kann geholfen werden (o homem pode ser ajudado).

3 Adjetivo — A1

❶ Os adjetivos indicam as propriedades de pessoas, coisas ou ações.

3.1 Adjetivo predicativo e adjetivo adverbial — A1

☼ O adjetivo predicativo é parte do predicado, ou seja, é inserido após o verbo auxiliar sein/werden/bleiben:
Sie ist **müde.** (Ela está cansada.) Er wird **rot.** (Ele fica vermelho.) Diese Wand bleibt **weiß.** (Esta parede continua branca.)

☼ O adjetivo adverbial relaciona-se com um verbo:
Er spricht **leise.** Sie läuft **schnell.** (Ele fala baixo. Ela corre rápido.)

⚡ Na função predicativa e na adverbial, o adjetivo não varia:
Er/sie/es ist **müde.** (Ele/Ela está cansado/a.) Wir/sie sind **müde.** (Nós/Eles estamos/estão cansados.) Er/sie/es läuft **schnell.** (Ele/Ela corre rápido.) Wir/sie laufen **schnell.** (Nós corremos/Eles correm rápido.)

3.2 Adjetivo atributivo — A2

☼ Na condição de atributo, o adjetivo normalmente é inserido entre o artigo e o substantivo e concorda em gênero, número e caso com o substantivo:
der **alte** Mann, das **wilde** Meer, die **dunkle** Nacht. (o homem velho, o mar agitado, a noite escura).

Formas

As terminações do adjetivo declinado são determinadas:
- por gênero, número e caso gramatical do substantivo que qualifica.
- pelo artigo que se encontra diante dele.

Adjetivo

Diferenciam-se dois tipos de declinação. Seu emprego depende de o artigo que antecede o adjetivo ter marca de caso gramatical (▶ **2.3**) ou não.

- Declinação fraca de adjetivo:

  ☼ Quando o artigo que antecede o adjetivo tiver marca de caso, o adjetivo terá apenas a terminação -e ou -en. A esse tipo de declinação chamamos declinação fraca do adjetivo.

	Masculino	Neutro	Feminino	Plural
Nominativo	der alte Mann (o homem velho)	das leere Zimmer (o quarto vazio)	die blaue Blume (a flor azul)	die guten Zeiten (os bons tempos)
Acusativo	den alten Mann (o homem velho)	das leere Zimmer (o quarto vazio)	die blaue Blume (a flor azul)	die guten Zeiten (os bons tempos)
Dativo	dem alten Mann (do homem velho)	dem leeren Zimmer (do quarto vazio)	der blauen Blume (da flor azul)	den guten Zeiten (dos bons tempos)
Genitivo	des alten Mannes (do homem velho)	des leeren Zimmers (do quarto vazio)	der blauen Blume (da flor azul)	der guten Zeiten (dos bons tempos)

☼ Esse tipo de declinação ocorre quando há o artigo definido der/das/die e também no caso dos seguintes pronomes ou adjetivos:

dieser, jener, jeder, mancher, welcher, solcher, derselbe, derjenige, jeglicher, alle, beide
(este, aquele, cada, alguns, quais, tais, o/do mesmo, aquele, todo/todo e qualquer, todos, ambos)

Adjetivo

- Declinação forte do adjetivo: **B1**

  ☼ A chamada declinação forte do adjetivo aparece quando antes do adjetivo não há marca de caso, isto é, quando não há artigo ou quando o artigo não tem marca de caso. Nesse caso, o próprio adjetivo receberá marca de caso.

  ◐ No genitivo masculino e neutro, o substantivo tem marca de caso. Nesse caso, o adjetivo não demandará marca de caso e receberá a terminação -en.

	Masculino	Neutro	Feminino	Plural
Nominativo	alter Mann (homem velho)	leeres Zimmer (quarto vazio)	blaue Blume (flor azul)	gute Zeiten (bons tempos)
Acusativo	alten Mann (o homem velho)	leeres Zimmer (o quarto vazio)	blaue Blume (a flor azul)	gute Zeiten (os bons tempos)
Dativo	altem Mann (do homem velho)	leerem Zimmer (do quarto vazio)	blauer Blume (da flor azul)	guten Zeiten (dos bons tempos)
Genitivo	alten Mannes (do homem velho)	leeren Zimmers (do quarto vazio)	blauer Blume (da flor azul)	guter Zeiten (dos bons tempos)

- Declinação do adjetivo após o artigo definido:

  ☼ Em algumas formas, os artigos ein, kein, mein, dein etc. não apresentam marca de caso. Nessas circunstâncias, o adjetivo segue a declinação forte do adjetivo. Em algumas formas, o artigo já traz a marca de caso, e o adjetivo segue a declinação fraca. Por isso, a declinação que sucede a ein etc. é também chamada de "declinação mista".

Adjetivo

	Masculino	Neutro	Feminino	Plural
Nominativo	ein alt**er** Mann (um homem velho)	ein leer**es** Zimmer (um quarto vazio)	ein**e** blau**e** Blume (uma flor azul)	gut**e** Zeiten (bons tempos)
Acusativo	ein**en** alt**en** Mann (um homem velho)	ein leer**es** Zimmer (um quarto vazio)	ein**e** blau**e** Blume (uma flor azul)	gut**e** Zeiten (bons tempos)
Dativo	ein**em** alt**en** Mann (de um homem velho)	ein**em** leer**en** Zimmer (de um quarto vazio)	ein**er** blau**en** Blume (de uma flor azul)	gut**en** Zeiten (dos bons tempos)
Genitivo	ein**es** alt**en** Mannes (de um homem velho)	ein**es** leer**en** Zimmer**s** (de um quarto vazio)	ein**er** blau**en** Blume (de uma flor azul)	gut**er** Zeiten (dos bons tempos)

☼ Essas formas do adjetivo aparecem logo após o artigo indefinido ein e logo após a expressão was für ein (que espécie de/que tipo de), no singular do artigo negativo kein, bem como no singular do artigo possessivo mein, dein, sein, ihr, Ihr, unser e euer.

⚡ As formas plurais do artigo negativo kein e dos artigos possessivos mein, dein, sein, ihr, Ihr, unser e euer já trazem consigo marcas de caso. Por isso, o adjetivo seguirá a declinação fraca e, em todos os quatro casos, terá a desinência -en: mein**e** gut**en** Zeiten, mein**en** gut**en** Zeiten (meus bons tempos).

⚡ Em adjetivos terminados em -el, o -e- é sempre suprimido antes de uma desinência; em adjetivos com ditongo, *na maioria das vezes* incide a terminação -er.

dunkel (escuro): der dunkle Stoff (a matéria escura)
B2 edel (nobre): ein edles Pferd (um cavalo nobre)

teuer (caro): die teure Reise (a viagem cara)
sauer (azedo): eine saure Gurke (um pepino azedo)

Adjetivo

⚡ Em caso de sucessão imediata de vários adjetivos, suas terminações vão concordar, e sua declinação acontecerá "em paralelo": ein langer, staubiger, wenig befahrener Weg (um caminho longo, poeirento, pouco percorrido).

3.3 Adjetivos substantivados

ⓘ A declinação desses adjetivos segue o esquema apresentado, e apenas o substantivo é suprimido.

Formas

	Masculino	Neutro	Feminino	Plural
Nominativo	der Alte (o velho) ein Alter (um velho)	das Neue (o novo) ein Neues (um novo)	die Fremde (o estranho) eine Fremde (um estranho)	die Deutschen (os alemães) Deutsche (alemães)
Acusativo	den Alten (o velho) einen Alten (um velho)	das Neue (o novo) ein Neues (um novo)	die Fremde (o estranho) eine Fremde (um estranho)	die Deutschen (os alemães) Deutsche (alemães)
Dativo	dem Alten (do velho) einem Alten (de um velho)	dem Neuen (do novo) einem Neuen (de um novo)	der Fremden (do estranho) einer Fremden (de um estranho)	den Deutschen (dos alemães) Deutschen (de alemães)
Genitivo	des Alten (do velho) eines Alten (de um velho)	des Neuen (do novo) eines Neuen (de um novo)	der Fremden (do estranho) einer Fremden (de um estranho)	der Deutschen (dos alemães) Deutscher (de alemães)

Adjetivo

B2 ### 3.4 Particípios atributivos

❶ Os particípios atributivos (▷ ⓬) declinam como os adjetivos atributivos.

Formas

		Masculino	Neutro
Nominativo	Part. II	der gelesene Roman (o romance lido) ein gelesener Roman (um romance lido)	das geschriebene Buch (o livro escrito) ein geschriebenes Buch (um livro escrito)
	Part. I	der lesende Mann (o homem que lê) ein lesender Mann (um homem que lê)	das schreibende Kind (a criança que escreve) ein schreibendes Kind (uma criança que escreve)
Acusativo	Part. II	den gelesenen Roman (o romance lido) einen gelesenen Roman (um romance lido)	das geschriebene Buch (o livro escrito) ein geschriebenes Buch (um livro escrito)
etc.	Part. I	den lesenden Mann (o homem que lê) einen lesenden Mann (um homem que lê)	das schreibende Kind (a criança que escreve) ein schreibendes Kind (uma criança que escreve)

Adjetivo

		Feminino	Plural
Nominativo	**Part. II**	die verfilmte Novelle (a novela filmada) eine verfilmte Novelle (uma novela filmada)	die gekauften Texte (os textos comprados) gekaufte Texte (textos comprados)
	Part. I	die filmende Frau (a mulher que filma) eine filmende Frau (uma mulher que filma)	die lesenden Leute (as pessoas que leem) lesende Leute (pessoas que leem)
Acusativo	**Part. II**	die verfilmte Novelle (a novela filmada) eine verfilmte Novelle (uma novela filmada)	die gekauften Texte (os textos comprados) gekaufte Texte (textos comprados)
etc.	**Part. I**	die filmende Frau (a mulher que filma) eine filmende Frau (uma mulher que filma)	die lesenden Leute (as pessoas que leem) lesende Leute (pessoas que leem)

4. Advérbio

❶ Advérbios são palavras que não podem ser declinadas. Eles servem, sobretudo, para que outros elementos de uma oração, principalmente o verbo ("ad-verb"), sejam determinados com maior precisão.

Formas

Existem diferentes advérbios:

- advérbios locais:

> da (aqui), vorn(e) (diante), unten (sob), hier (aqui), hinten (por trás), hin (para lá/para ali), dort (lá), oben (acima), her (para cá)

- advérbios temporais:

> gestern (ontem), jetzt (ainda), **B1** vorher (antes), immer (sempre), heute (hoje), **B1** damals (à época), zuerst (primeiramente), oft (frequentemente), morgen (amanhã), sofort (já), meist(ens) (geralmente)

- advérbios modais:
  - de modo:

> so (assim), gern (de bom grado, prazerosamente), **B2** vergebens (em vão), **B2** glücklicherweise (felizmente), **B2** umsonst (gratuitamente, por nada), genauso (precisamente), leider (infelizmente), irgendwie (de algum modo), hoffentlich (espera-se que)

Advérbio

- de grau e medida:

viel (muito), fast (quase), **B2** kaum (quase não), wenig (pouco), sehr (muito), **B2** etwa (aproximadamente)

Uso

Os advérbios podem aparecer como:
- especificação adverbial do verbo:
  Sie tanzt **gern.** (Ela gosta de dançar.) Sie wohnt **hier.** (Ela mora aqui.)
- atributo:
  das Haus **hier** (esta casa aqui), das **sehr** alte Haus (a casa muito velha)
- predicativo:
  Ich bin **hier.** (Eu estou aqui.)

Der Vergleich

5 Comparação

❶ Em alemão, os adjetivos e alguns poucos advérbios podem receber gradações. Existem três graus de comparação que podem ser formados apenas por flexão sufixal:

positivo: ∅ (nenhuma terminação)	Das Fahrrad ist **so schnell wie** der Bus. (A bicicleta é tão rápida quanto o ônibus.)
comparativo: -er	Das Auto ist **schneller als** das Fahrrad. (O carro é mais rápido que a bicicleta.)
superlativo: -(e)st	Das Flugzeug ist **am schnellsten**. (O avião é o mais rápido.)

Os três graus de comparação indicam que algo deve ser comparado a outra coisa.

☼ O positivo, no qual o adjetivo não recebe nenhuma terminação, caracteriza a igualdade entre as duas pessoas ou coisas comparadas. Antes do adjetivo insere-se so ou genauso, e o comparativo é formado com wie: Eva ist **(genau) so** groß **wie** Susanne (Eva é [precisamente] tão alta quanto Susanne).

5.1 Comparativo

Formas

Formas regulares:

	Forma básica	Comparativo
Adjetivo	schnell (rápido)	schneller (mais rápido)
	langsam (lento)	langsamer (mais lento)
	billig (barato)	billiger (mais barato)
Advérbio	wenig (pouco)	weniger (pouco)

⚡ Tal como na declinação do adjetivo (▶ ❸), no comparativo o -e da terminação é sempre suprimido dos adjetivos que terminem em -el e na maior parte dos adjetivos com ditongo e terminação -er: dunkel (escuro) → dunkler, respektabel → respektabler, teuer (caro) → teurer.

Muitos adjetivos monossílabos e o advérbio oft levam trema: hoch (elevado) → höher, jung (jovem) → jünger, oft (frequente) → öfter.

Formas comparativas irregulares:

	Forma básica	Comparativo
Adjetivo	gut (bom)	besser (melhor)
Advérbio	viel (muito)	mehr (mais)
	gern (de bom grado)	lieber (antes, de preferência)
	bald (em breve)	eher (antes ainda, mais cedo)

Comparação

Uso

☼ O comparativo expressa desigualdade entre duas pessoas ou coisas comparadas. O comparado é sempre acrescentado com als:
Eva ist größer als Maria. (Eva é mais alta que Maria.)

5.2 Superlativo

Formas

O superlativo tem duas formas diferentes:

Forma básica	am + superlativo	Artigo + superlativo
schön (bonito)	am schönsten (mais bonito)	der/die/das schönste (o/a mais bonito/a)
teuer (caro)	am teuersten (mais caro)	der/die/das teuerste (o/a mais caro/a)
dunkel (escuro)	am dunkelsten (mais escuro)	der/die/das dunkelste (o/a mais escuro/a)

- O superlativo com am aparece quando se trata de um superlativo adverbial:
  Sie malt am schönsten. (Ela é a que pinta mais bonito.)
  Er singt am besten. (Ele é quem canta melhor.)
- O superlativo aparece com artigo e com -st- quando o superlativo é atributivo:
  Er hat das schönste Bild gemalt. (Ela pintou o quadro mais belo.)
  In diesem Restaurant gibt es das beste Essen. (Neste restaurante tem a melhor comida.)
- ⚡ Quando o superlativo é predicativo (portanto, depois de sein, werden), ele pode ter ambas as formas:
  Der Garten ist am schönsten. (O jardim é o mais bonito.)
  Das Essen ist am besten. (A comida é a melhor.)
  Der Garten ist der schönste. (O jardim é o mais bonito.)
  Das Essen ist das beste. (A comida é a melhor.)

Comparação

Também no superlativo, muitos adjetivos monossílabos e o advérbio **oft** recebem trema:

Forma básica	Superlativo
warm (quente)	am wärmsten (o mais quente)
hoch (alto)	am höchsten (o mais alto)
jung (jovem)	am jüngsten (o mais jovem)
oft (frequente)	am öftesten (häufigsten) (o mais frequente)

⚡ A terminação **-est** surge quando o adjetivo é terminado em **s**-Laut (also **-s, -ss, -ß, -z, -x, -sk, -sch**) ou **-d/-t** e não em **-e** átono:

Forma básica	Superlativo
mies (ruim)	am miesesten (o pior)
süß (doce)	am süßesten (o mais doce)
frisch (fresco)	am frischesten (o mais fresco)
kalt (frio)	am kältesten (o mais frio)

◐ **spannend** (empolgante) → **am spannendsten** (o mais empolgante) (-e átono!)
groß (grande) → **am größten** (o maior)

❶ Os adjetivos terminados em vogal ou ditongo apresentam a terminação **-est** ou **-st**: **neu(e)st-** (o mais novo), **froh(e)st-** (o mais feliz), **rau(e)st-** (o mais áspero/o mais grosseiro/o mais cru).

Formas superlativas irregulares:

	Forma básica	Comparativo	Superlativo
Adjetivo	gut (bom)	besser (melhor)	am besten (o melhor)
Advérbio	viel (muito)	mehr (mais)	am meisten (o mais)
	gern (de bom grado)	lieber (preferível)	am liebsten (o preferível)
	bald (em breve)	eher (antes ainda, mais cedo)	am ehesten (o mais cedo)

Uso

O superlativo é o grau de comparação mais elevado. Os elementos comparados são acrescentados, por exemplo, com von:
Lisa ist die größte (von allen Schülerinnen). (Lisa é a mais alta [dentre todas as alunas].)

Quando o superlativo é adverbial, são comparadas coisas diferentes:
Der Garten ist am schönsten (O jardim é o mais belo.) (em comparação a outras coisas, como Haus [casa], Platz [lugar] etc.).

Quando o superlativo é predicativo, são comparadas coisas iguais:
Der Garten ist der schönste (O jardim é o mais belo.) (Garten, isto é, em comparação com outros jardins). Nesse caso, a terminação do adjetivo é acrescentada à terminação superlativa -(e)st-:
Der Sportler mit den stärksten Nerven hat gewonnen. (Venceu o atleta com os nervos mais fortes.)

Olhando de perto 🔍

Adjetivo

Sob as formas predicativa e adverbial, os adjetivos não apresentam nenhuma desinência: Es wird dunkel (Está anoitecendo). Sie schwimmt schnell (Ela nada bem).
Os adjetivos atributivos são declinados. A declinação adjetiva fraca aparece quando o adjetivo tem uma marca de caso, isto é, quando flexionar em gênero, número e caso.

💡 No singular, a terminação do adjetivo é -e, com exceção do acusativo masculino, e no plural é sempre -en.

Se antes do adjetivo não houver marca de caso, o adjetivo flexiona em caso. Aí se tem a declinação forte. É o caso quando o adjetivo aparece sem artigo ou vem depois de manch (alguns), solch (tal), welch (que/qual).

Depois do artigo indefinido ein, bem como depois de kein e do artigo possessivo (mein, dein etc.) no singular, segue-se a declinação mista, uma vez que algumas formas não têm desinência de caso. Após kein e o artigo possessivo no plural, a terminação é sempre -en.

⚡ Se mais adjetivos aparecerem em sequência direta, eles terão a mesma terminação: Das wird eine lange, anstrengende aber schöne Reise (Vai ser uma viagem longa e cansativa, mas bonita).
Declinações fortes mostram também os números ordinais em ligação com adjetivos: das zehnte internationale Studententreffen (o décimo encontro internacional dos estudantes).

❶ Os adjetivos podem ser formados com os seguintes sufixos: -bar, -haft, -isch, -lich und -los (furchtbar [horrível], standhaft [constante], schulisch [escolar], kleinlich [mesquinho], atemlos [ofegante]).

Advérbio

Os advérbios não se declinam. Eles determinam outros elementos da oração de modo mais preciso, segundo tempo, lugar, tipo, modo, grau e medida.
Das Zelt bauen wir **hier** auf. (Vamos armar a barraca aqui.)
Wir gehen **oft** ins Kino. (Vamos ao cinema com frequência.)
Ich komme dich **gern** wieder besuchen. (De bom grado venho de novo visitá-lo.)
Er hätte **fast** einen Unfall gehabt. (Ele quase teve um acidente.)

Comparação

G Os adjetivos podem receber gradações. Os três graus de comparação (positivo, comparativo e superlativo) expressam igualdade e desigualdade entre pessoas ou coisas comparadas.
No positivo, o adjetivo não recebe desinência:
Der Pullover ist genauso **teuer** wie das T-Shirt.
(O pulôver é quase tão caro quanto a camiseta.)
O comparativo recebe a desinência -er:
Susi ist **intelligenter** als Paul. (Susi é mais inteligente que Paul.)
O superlativo é formado com a desinência -(e)st:
Diese Blume ist **am schönsten**. (Esta flor é a mais bonita.)
O comparativo e o superlativo atributivo declinam-se:

> Olhando de perto

Die **jüngeren** Kinder gehen in den Kindergarten. (As crianças mais novas vão ao jardim de infância.)
Das **höchste** Gebäude hier ist die Kirche. (Aqui o edifício mais alto é a igreja.)

❶ Alguns advérbios (bald, gern, viel, wenig, oft) podem ser graduados.

positivo	bald (em breve)	gern (de bom grado)	viel (muito)
comparativo	eher (antes)	lieber (preferível)	mehr (mais)
superlativo	am ehesten (o mais cedo)	am liebsten (o melhor)	am meisten (o mais frequente)

6 Pronome

❶ Pronomes servem para substituir um substantivo. Existem diversas formas de pronomes. ⚡ Alguns deles podem aparecer não apenas como pronomes, mas também como artigos, isto é, juntamente com um substantivo:

Artigo	Pronome
Das ist mein Hund. (Este é o meu cachorro.)	Das ist meiner. (Este é meu.)
Dein Hund ist größer. (O teu cachorro é maior.)	Deiner ist größer. (O teu é maior.)
Dieser Park gefällt mir. (Este parque me agrada.)	Dieser gefällt mir. (Este me agrada.)

6.1 Pronome pessoal

Formas

	Singular					Plural		
	1ª pessoa	2ª pessoa	3ª pessoa			1ª pessoa	2ª pessoa	3ª pessoa
Nominativo	ich (eu)	du (tu)	er (ele)	es (ele/ela)	sie (ela)	wir (nós)	ihr (vós)	sie/Sie (eles/elas)
Acusativo	mich (me)	dich (te)	ihn (se)	es (se)	sie (se)	uns (nos)	euch (vos)	sie/Sie (se)
Dativo	mir (a mim)	dir (a ti)	ihm (a si)	ihm (a si)	ihr (a si)	uns (a nós)	euch (a vós)	ihnen/Ihnen (a si)
Genitivo	meiner (o meu/ a minha)	deiner (o teu/ a tua)	seiner (o seu)	seiner (o seu/ a sua)	ihrer (a sua)	unser (o nosso/ a nossa)	euer (o vosso/ a vossa)	ihrer/Ihrer (o seu/ a sua)

As marcas de caso do pronome pessoal correspondem em grande medida ao do artigo.

> **Pronome**

❶ Atualmente, o genitivo do pronome pessoal já não é usado. As formas genitivas meiner, deiner etc. ligam-se a -seits e -wegen com advérbios: meinerseits (da minha parte), deinerseits (da tua parte) etc. ⚡ Antes de -wegen, o -r é substituído pela terminação -t: meinetwegen (por mim/no que me diz respeito), deinetwegen (por você/no que lhe diz respeito) etc.

Uso

❶ O pronome pessoal caracteriza os papéis das pessoas numa conversa: a 1ª pessoa caracteriza o(s) falante(s); a 2ª pessoa, o(s) ouvinte(s); e a 3ª pessoa, as pessoas ou coisas de quem ou de que se fala.

💡 O modo de tratamento formal Sie é a 3ª pessoa do plural. Ele serve para caracterizar o ouvinte no singular e no plural, portanto, corresponde a du e a ihr.

6.2 Pronome es

❶ O pronome es pode aparecer em diferentes contextos e, assim, assumir diferentes funções. Frequentemente, não tem significado próprio.

💡 Es pode constar como pronome para um grupo de substantivos do gênero neutro. Assim, es pode caracterizar pessoas e coisas no nominativo e no acusativo:

> Wo ist das Kind? – **Es** spielt. (Onde está a criança? – Está brincando.) (Pessoa – nominativo)
> Wo ist das Buch? – Auf dem Tisch liegt **es**.
> (Onde está o livro? – Está sobre a mesa.) (Coisa – nominativo)
> Das Kind ist im Kindergarten. – Wann holst du **es** ab?
> (A criança está no jardim de infância – Quando você vai buscá-la?) (Pessoa – acusativo)
> Ist das Buch interessant? – Ja, du musst **es** lesen.
> (O livro é interessante? – Sim, você precisa lê-lo.) (Coisa – acusativo)

B1 ⚡ Em ligação com preposições, contudo, o pronome es não é empregado; em vez disso, aparecem pronomes adverbiais (▷ 6.3):
Sprecht ihr über das Buch? – Ja, wir sprechen **darüber**.
(Vocês estão falando sobre o livro? – Sim, estamos.)
Denkst du an das Geschenk? – Ja, ich denke **daran**.
(Tem pensado no presente? – Sim, tenho pensado.)

B1 Es pode atuar como pronome também em expressões extensas, como orações:
Oft arbeitet sie am Sonntag, aber sie tut **es** nicht gerne.
(Frequentemente ela trabalha aos domingos, mas não gosta disso.) (es = am Sonntag arbeiten [trabalha no domingo])

A2 ☼ Em construções impessoais, o es não tem significado próprio, mas está firmemente atrelado ao verbo.
L! O melhor a fazer é aprender o es sempre com o verbo acompanhante.
O es pode aparecer como sujeito ("sujeito aparente") em verbos:
• que caracterizem um acontecimento natural:

Pronome

Es regnet. (Está chovendo.) **Es** schneit. (Está nevando.) **Es** ist kalt. (Está frio.)

- para indicação de tempo:
  Es ist sieben Uhr. (São sete horas.) **Es** ist Mittag. (É meio-dia.)
- para caracterizar condições pessoais:
  Es geht mir gut. Wie geht **es** Ihnen? (Comigo está tudo bem. E com você?) **B1**
- para caracterizar impressões dos sentidos:

> **es** glänzt (está brilhando), **es** ist (wird) hell (está iluminado)
> **es** klopft (estão batendo), **es** knallt (está estalando), **es** raschelt (está farfalhando), **es** läutet (está soando)
> **A2** **es** schmeckt (gut …) (está saboroso), **es** riecht (gut, schlecht, nach …) (está cheirando [bem, mal, a...]), **es** duftet (está perfumado), **es** drückt (isso pressiona, aperta), **es** juckt (está coçando)

- em expressões fixas: **Es** gibt. (Há/Existe/Tem.)

☼ **Es** pode aparecer no início de uma oração (o chamado "thematische es" [pronome definido neutro temático]). Nesse caso, ele servirá como uma espécie de sinal de introdução, empregado, sobretudo, no início do texto, para que se possa ressaltar o sujeito ou o enunciado como um todo. ⚡ Nesse caso, **es** jamais poderá ser substituído por das. **B1**

Es kam ein Mann zu mir und fragte nach dem Weg. (Veio um homem até mim e me perguntou pelo caminho.)
⚡ Nessa função, **es** só poderá vir no início da oração, e será eliminado quando ali houver outros elementos ou quando a oração assumir a forma de uma interrogação:
Es hat jemand angerufen. → Jemand hat angerufen./ Hat jemand angerufen? (Alguém ligou. Alguém ligou. Alguém ligou?)

A2 ☼ **Es** também pode aparecer como pré-sinal para uma oração subordinada ou para um infinitivo que esteja na oração principal sujeito/objeto:
Es ist wichtig, dass man viel Obst isst. (É importante que se coma bastante fruta.)

⚡ O pronome **es** desaparece quando a oração subordinada ou o infinitivo vier no início da oração:
Es ist wichtig, dass man viel Obst isst. → **Dass man viel Obst isst, ist wichtig.** (É importante que se coma bastante fruta. → Que se coma bastante fruta é importante.)

B1 ## 6.3 Advérbios pronominais

☼ Advérbios pronominais são ligações dos advérbios **da** e **wo** com preposições. ⚡ Se a preposição iniciar com uma vogal, insere-se um **-r (dar-/wor-)**: **dafür** (para o qual), **wofür** (para isso), **darauf** (pelo qual), **worauf** (sobre o qual).

☼ Os advérbios pronominais aparecem no lugar de pronomes com preposição quando coisas devem ser caracterizadas. Ligações com **da(r)-** substituem pronomes pessoais (▶ **6.1**), ligações com **wo(r)-** substituem pronomes interrogativos (▶ **6.8**) e pronomes relativos (▶ **6.6**):
Ich warte auf den Chef. → **Ich warte auf ihn.** → **Auf wen wartest du?** (Estou esperando pelo chefe. → Estou esperando por ele. → Por quem você está esperando?)
Ich warte auf das Paket. → **Ich warte darauf.** → **Worauf wartest du?** (Estou esperando pelo pacote. → Estou esperando por ele → Pelo que você está esperando?)

Advérbios pronominais com **da(r)-** aparecem como pré-sinais para uma oração subordinada:
Ich warte darauf, dass du endlich kommst. (Fico esperando até você finalmente chegar.)

6.4 Pronome possessivo

A1

☼ As formas possessivas mein, dein, sein etc. servem para atribuir algo ao "possuidor". No alemão, diferencia-se entre artigo possessivo e pronome possessivo.

Forma do artigo possessivo

☼ O artigo possessivo concorda em gênero com o "possuidor", e a terminação concorda com a "posse".

	Masculino	Neutro	Feminino	Plural
1ª pessoa do singular	mein Text (meu texto)	mein Buch (meu livro)	meine Tasse (minha xícara)	meine Fragen (minhas perguntas)
2ª pessoa do singular	dein Text (teu texto)	dein Buch (teu livro)	deine Tasse (tua xícara)	deine Fragen (tuas perguntas)
3ª pessoa do singular m.	sein Text (seu texto)	sein Buch (seu livro)	seine Tasse (sua xícara)	seine Fragen (suas perguntas)
n.	sein Text (seu texto)	sein Buch (seu livro)	seine Tasse (sua xícara)	seine Fragen (suas perguntas)
f.	ihr Text (seu texto)	ihr Buch (seu livro)	ihre Tasse (sua xícara)	ihre Fragen (suas perguntas)
1ª pessoa do plural	unser Text (nosso texto)	unser Buch (nosso livro)	unsere Tasse (nossa xícara)	unsere Fragen (nossas perguntas)
2ª pessoa do plural	euer Text (vosso texto)	euer Buch (vosso livro)	eure Tasse (vossa xícara)	eure Fragen (vossas perguntas)
3ª pessoa do plural	ihr Text (seu texto)	ihr Buch (seu livro)	ihre Tasse (sua xícara)	ihre Fragen (suas perguntas)
	Ihr Text (seu texto)	Ihr Buch (seu livro)	Ihre Tasse (sua xícara)	Ihre Fragen (suas perguntas)

Pronome

☀ O artigo possessivo concorda em gênero, número e caso com o substantivo que qualifica.

	Masculino	Neutro	Feminino	Plural
Nominativo	mein Text (meu texto)	mein Buch (meu livro)	meine Tasse (minha xícara)	meine Fragen (minhas perguntas)
Acusativo	meinen Text (o meu texto)	mein Buch (o meu livro)	meine Tasse (a minha xícara)	meine Fragen (as minhas perguntas)
Dativo	meinem Text (do meu texto)	meinem Buch (do meu livro)	meiner Tasse (da minha xícara)	meinen Fragen (das minhas perguntas)
Genitivo	meines Textes (do meu texto)	meines Buches (do meu livro)	meiner Tasse (da minha xícara)	meiner Fragen (das minhas perguntas)

Uso do artigo possessivos

☀ Como artigo possessivo se tem mein, dein, sein etc. sempre em ligação com um substantivo. Diferentemente dos pronomes possessivos, eles não podem aparecer sozinhos.

Er liebt **seine** Tochter. (Ele ama sua filha.)
Ich liebe **meinen** Mann. (Eu amo meu marido.)

Formas do pronome possessivo

☀ A forma dos pronomes são determinadas pelo "possuidor". As terminações são as respectivas desinências de caso.

	Masculino	Neutro	Feminino	Plural
Nominativo	meiner	mein(e)s	meine	meine
Acusativo	meinen	mein(e)s	meine	meine
Dativo	meinem	meinem	meiner	meinen
Genitivo	–	–	–	–

Pronome

Uso do pronome possessivo

As formas possessivas **mein**, **dein**, **sein** etc. aparecem de maneira autônoma como pronomes possessivos em substituição a um substantivo:

Können Sie mir Ihr Auto leihen? **Meins** ist kaputt.
(Você/O senhor/A senhora poderia me emprestar seu carro? O meu está quebrado.)

Hier ist mein Platz und da drüben ist **deiner**. (Aqui está o meu lugar e lá está o teu.)

6.5 Pronome demonstrativo

❶ Existem diferentes formas de pronomes demonstrativos. A mais frequente é o emprego de der/das/die. Além dessas, há outras formas, como dieser, jener etc.

Formas

- O pronome demonstrativo der/das/die:

As formas do pronome demonstrativo são idênticas às do artigo definido, com exceção do dativo plural e do genitivo:

	Masculino	Neutro	Feminino	Plural
Nominativo	der	das	die	die
Acusativo	den	das	die	die
Dativo	dem	dem	der	denen
Genitivo	dessen	dessen	derer	derer

- Outros pronomes demonstrativos:

dieser (este/esta), **jener** (aquele/aquela), **solcher** (tal), **derjenige** (aquele/aquela), **derselbe** (o mesmo)

Pronome

	Masculino	Neutro	Feminino	Plural
Nominativo	dieser (este/esse)	dieses (–)	diese (esta/essa)	diese (estes/esses)
Acusativo	diesen (este/esse)	dieses (–)	diese (esta/essa)	diese (estes/esses)
Dativo	diesem (deste/desse)	diesem (–)	dieser (esta/essa)	diesen (estes/esses)
Genitivo	dieses (deste/desse)	dieses (–)	dieser (esta/essa)	dieser (estes/esses)

Segundo o padrão de dieser são declinados também jener e solcher.

	Masculino	Neutro	Feminino	Plural
Nominativo	derjenige (aquele)	dasjenige (–)	diejenige (aquela)	diejenigen (aqueles)
Acusativo	denjenigen (aquele)	dasjenige (–)	diejenige (aquela)	diejenigen (aqueles)
Dativo	demjenigen (daquele)	demjenigen (–)	derjenigen (daquela)	denjenigen (daqueles)
Genitivo	desjenigen (daquele)	desjenigen (–)	derjenigen (daquela)	derjenigen (daqueles)

Derselbe segue a declinação de derjenige. Os sinais causais aparecem na primeira parte da forma, as terminações (-e e -en) correspondem à declinação fraca do adjetivo (▷ 3.2).

Uso

⇨ O pronome der/das/die é empregado, sobretudo, na língua falada. Ele aparece, na maioria das vezes, quando:
- o pronome acusativo ou dativo da 3ª pessoa é inserido no início da oração (especialmente quando aparece no lugar de es):

> **Pronome**

Kennst du den Mann da? – Ja, **den** kenne ich./Ja, ich kenne ihn. (Você conhece o homem ali? – Sim, ele eu conheço./Sim, o conheço.)
Wo bist du gewesen? – **Das** sage ich nicht. (e não: Es sage ich nicht.) (Onde você estava? – Isso eu não digo.)

- o pronome tenha consigo um atributo: **B1**
Welche ist deine Mutter? – **Die** mit dem blauen Hut! (Qual é a sua mãe? – Aquela com chapéu azul!)
- ao pronome venha acrescentada uma oração relativa: **B2**
Ich möchte **die** sehen, die diese Aufgabe lösen kann. (Eu gostaria de ver quem pode dar conta dessa tarefa.)
- bem como, de modo geral, para foco ou realce: **A2**
Glaub dem Mann nicht! Glaub **dem** nicht! (Não acredite no homem! Não acredite nele!)

⚡ Frequentemente, o pronome das é inserido em predicações e não concorda com o verbo:
Das ist mein Koffer. (Esta é a minha mala.)
Das sind meine Bücher. (Estes são meus livros.)

☼ As formas citadas acima podem ser empregadas tanto como artigo, isto é, seguidas de substantivo, como também como pronome, isto é, de maneira autônoma. As formas se mantêm iguais: **A2**

Artigo	Pronome
Welchen Tee möchten Sie?	
Diesen Tee möchte ich.	**Diesen** möchte ich.
(De qual chá você gostaria?	(Eu gostaria deste.)
– Eu gostaria desse chá.)	
Welcher Tee schmeckt Ihnen?	
Dieser Tee schmeckt mir.	**Dieser** schmeckt mir.
(De que chá você gosta?	(Gosto desse.)
– Gosto desse chá.)	

6.6 Pronome relativo

❶ Pronomes relativos servem para introduzir uma oração relativa, com a qual um substantivo é determinado com mais precisão. A oração relativa faz as vezes de atributo desse substantivo.

Formas

☼ O pronome relativo é determinado de duas maneiras: na oração relativa, o gênero e o número do pronome relativo concordam com o substantivo ao qual pertence, enquanto o caso depende do verbo na oração: **Die Kinder, die** hier immer **spielen** ... (As crianças que sempre brincam aqui...)

✚ As formas do pronome relativo der/das/die correspondem às do pronome demonstrativo (▶ 6.5), exceto os genitivos feminino e plural.

	Masculino	Neutro	Feminino	Plural
Nominativo	der	das	die	die
Acusativo	den	das	die	die
Dativo	dem	dem	der	denen
Genitivo	dessen	dessen	derer, deren	derer, deren

O pronome relativo welcher/welches/welche raramente é empregado. Não há genitivo desse pronome:

	Masculino	Neutro	Feminino	Plural
Nominativo	welcher (que/o qual)	welches (–)	welche (que/a qual)	welche (que/os/as quais)
Acusativo	welchen (que/o qual)	welches (–)	welche (que/a qual)	welche (que/os/as quais)

Pronome

	Masculino	Neutro	Feminino	Plural
Dativo	welchem (de quem/do qual)	welchem (–)	welcher (de quem/da qual)	welchen (de quem/dos/das quais)

Uso

❶ O pronome relativo no genitivo, dessen e deren/derer, pode exercer duas funções:
- Expressa uma relação de posse. Na oração relativa, o genitivo aparece como atributo:
  Die Kleine, **deren** Mutter arbeitet, kommt oft zu mir. (A pequena, cuja mãe trabalha, vem a mim com frequência.)
- Ele aparece quando na oração relativa o verbo exige um objeto genitivo:
  Seine Großmutter, **derer** wir oft gedenken, ist im Herbst gestorben. (Sua avó, em quem pensamos com frequência, morreu no outono.)

⚡ O pronome relativo liga-se a uma preposição quando, na oração relativa, o verbo exige um objeto preposicional:
Die Kinder, **mit denen** wir immer spielen, sind krank. (As crianças, com as quais sempre brincamos, estão doentes.)

L! Pelo emprego de welcher, pode-se evitar a sucessão imediata de dois der:
Der Wagen, **der der** Frau gehört, ist rot. → Der Wagen, **welcher der** Frau gehört, ist rot. (O carro, que à mulher pertence, é vermelho. O carro, que pertence à mulher, é vermelho.)

Os advérbios relativos wo, wohin, woher aparecem:
- após nomes de cidades e países:
  Sie zog nach Hamburg, **wo** auch ihre Schwester wohnte. (Ela se mudou para Hamburgo, onde mora sua irmã.)

Sie ist in Dresden geboren, **woher** auch ihr Vater stammt. (Ela nasceu em Dresden, de onde é também seu pai.)
- após outras indicações de lugar:
Das Restaurant, **wo** wir uns treffen wollen, ist nicht weit von hier. (O restaurante, onde queremos nos encontrar, não fica longe daqui.)

☼ O pronome relativo universal was (o que) representa o nominativo e o acusativo. O dativo e o genitivo são incomuns. Se na oração relativa o verbo exigir uma preposição, o pronome relativo aparecerá sob a forma de wo(r) (onde) + preposição (▷ 6.3):
Er hat die Prüfung bestanden, **was** uns alle sehr freut. (Ele passou no exame, o que nos alegrou a todos.) (nominativo)
Er hat die Prüfung bestanden, **was** er sofort allen erzählt hat. (Ele passou no exame e já contou tudo a nós.) (acusativo)
Er hat die Prüfung bestanden, **wozu** ihm alle gratulierten. (Ele passou no exame, e nós todos já o felicitamos por isso.)

❶ O pronome relativo was aparece também após das e os pronomes neutros indefinidos etwas (algo), alles (tudo), nichts (nada), manches (algum), vieles (certos/vários), weniges (pouco):
Das, was Sie da sagen, gefällt mir nicht. (Isso que o senhor/a senhora me diz não me agrada.)
Das ist **alles, was** ich tun kann. (Isso é tudo que eu posso fazer.)

6.7 Pronome indefinido

A1

❶ Com o pronome indefinido, pessoas ou coisas podem caracterizar coisas de modo mais geral e indeterminado.
☼ Os pronomes indefinidos abrangem um extenso grupo de pronomes, e estes se comportam de modo bastante diferente. Todos os pronomes indefinidos podem aparecer sozinhos. Nesse caso, eles são pronomes autênticos. Alguns deles também podem aparecer com um substantivo, e sua ocorrência, então, vai se dar como artigo.

Entre os pronomes indefinidos que aparecem sozinhos estão:

einer (um), B2 irgendeiner (qualquer), B2 irgendwer (qualquer pessoa), A2 man (se, a gente), jemand (alguém), A2 irgendjemand (alguém), B2 jedermann (todos, todo mundo), keiner (ninguém), niemand (ninguém), etwas (was) (algo), B1 irgendetwas (qualquer coisa), nichts (nada), alles (tudo), viel (muito), wenig (pouco).

Formas
O pronome indefinido einer:

A2

	Masculino	Neutro	Feminino	Plural
Nominativo	einer	ein(e)s	eine	(welche)
Acusativo	einen	ein(e)s	eine	(welche)
Dativo	einem	einem	einer	(welchen)

Einer (um, uma, alguém, algum, alguma) e irgendeiner (qualquer) não possuem formas genitivas nem plurais. A título de substituição, no plural introduz-se (irgend-) welche (qualquer).

Pronome

A2 Os pronomes indefinidos **man** (se, a gente), **jemand** (alguém) e **niemand** (ninguém):

Nominativo	man	jemand	niemand
Acusativo	einen	jemanden	niemanden
Dativo	einem	jemandem	niemandem

⚡ O pronome **man** existe apenas no nominativo singular. O gênero não se diferencia, e, para o acusativo e para o dativo, tem-se, como substituição, a forma do pronome **einer**.

Uso

ℹ️ Os pronomes indefinidos não são empregados para pessoas, coisas e quantidades sem identificação precisa.

- 💡 Por meio de **irgend-** anteposto, os pronomes **einer** (um), **jemand** (alguém), **etwas** (algo) podem expressar de modo ainda mais intenso o caráter indefinido:
  A2 Irgendjemand hat mir erzählt, dass sie krank ist. (Alguém me disse que ela está doente.)
  Kauf einfach **B1 irgendwas!** (Simplesmente compre qualquer coisa!)
  B2 Irgendwer muss das machen. (Alguém tem de fazer isso.)

B1
- Alguns dos pronomes introduzidos podem se ligar a adjetivos substantivados no neutro:
  Ich habe **etwas** Schönes gehört. (Ouvi algo belo.)
  Wir vermuten **nichts** Gutes. (Não estamos imaginando nada de positivo.)
  Alles Gute zum Geburtstag! (Tudo de bom pelo aniversário!)

- Os pronomes **viel** (muito), **wenig** (pouco) e **alles** (tudo) são invariáveis nas seguintes formas:
  Wir haben **viel/wenig/alles** **B2** erfahren. (Aprendemos muito/pouco/tudo.)

Pronome

⚡ Se viel/wenig/alles forem flexionados, pertencerão ao segundo grupo de pronomes, que podem aparecer também como artigo, isto é, com o substantivo subsequente:

alle, viele (tudo, muito), **A2** ander- (outro), **A2** ein bisschen (um pouco), **A2** andere (outro), **A2** jeder (todo e qualquer, cada), **B1** die meisten (a maioria), kein (nenhum), **B1** verschiedene (diferentes), **B1** mancher (alguns), **B1** ein paar (alguns poucos), **B1** mehrere (mais), **B2** ein einziger (um único), **B2** etliche (alguns), **B2** wenige (poucos), **B2** ein jeder (cada um), **B2** irgendein (qualquer), **B2** ein gewisser (um certo), **B2** manch einer (muitos), **B2** beide (ambos), **B2** einige (alguns)

O plural de alle, manche, einige apresenta a terminação -n apenas no dativo:
Allen/Manchen/Einigen wird geholfen werden. (Todos/Vários deles/Alguns deles receberam ajuda.)

6.8 Pronome interrogativo   **A1**

❶ Os pronomes interrogativos são wer?, was? (quem? o quê?) etc., bem como as formas específicas was für ein? (que tipo? de que espécie?) e welcher? (qual?).

Formas e uso

☼ Os pronomes interrogativos wer?, was? etc. servem para interrogar acerca de membros individuais da sentença. Assim se diferenciam pessoas e coisas.

	Pessoas	Coisas
Nominativo	wer? Wer hat das gesagt? (Quem? Quem disse isso?)	was? Was ist passiert? (O quê? O que aconteceu?)
Acusativo	wen? Wen hast du gesehen? (Quem? Quem você viu?)	was? Was hat er gebracht? (O quê? O que ele trouxe?)

Pronome

A2	**Dativo**	wem? Wem habt ihr das erzählt? – (Para quem? Para quem contaram isso?)	
B1	**Genitivo**	wessen? Wessen erinnerst du dich? (De quem? De quem você se recorda?)	wessen? Wessen Auto ist das? (De quem? De quem é o carro?)

Os pronomes interrogativos geralmente aparecem antes do verbo conjugado.

B1 ☼ Quando o pronome interrogativo estiver atrelado a uma preposição ao se interrogar por pessoas, a preposição é combinada com o pronome interrogativo (**an wen?** [de quem?], **über wen?** [sobre quem?]). Na pergunta por coisas, emprega-se o advérbio pronominal **wo(r)** + preposição (▶ **6.3**):
Auf wen wartest du? (Por quem você está esperando?) – Auf den Chef (Pelo chefe) / **Worauf** wartest du? (Pelo que você está esperando?) – Auf den Zug (Pelo trem)

↪ Na linguagem corrente, porém, nem sempre se diferencia entre pessoa e coisa. Também se diz: **Auf was wartest du? An was** denkst du? (O que você está esperando? Em que você está pensando?)

A2 ☼ As expressões interrogativas **was für ein?** e **welcher?** podem aparecer tanto de maneira autônoma como de autênticos pronomes, e ainda – na condição de artigos – juntamente com um substantivo.

Artigo:	**Was für ein** Mensch ist er? (Que tipo de homem ele é?) **Welchen** Zug nehmen Sie? (Qual trem o senhor/a senhora pega?)
Pronome:	**Was für einer** ist er? (Que tipo ele é?) **Welchen** nehmen Sie? (Qual o senhor/a senhora pega?)

Pronome

No caso do pronome interrogativo was für ein? (de que tipo?), sua última parte, ou seja, ein, é declinada.

No emprego como pronome, o ein é declinado como o pronome einer. No seu lugar, emprega-se no plural a forma welche:

	Masculino	Neutro	Feminino	Plural
Nominativo	was für einer	was für ein(e)s	was für eine	was für welche
Acusativo	was für einen	was für ein(e)s	was für eine	was für welche
Dativo	was für einem	was für einem	was für einer	was für welchen
Genitivo	was für eines	was für eines	was für einer	was für welcher

B1

Com o pronome interrogativo was für ein?, pergunta-se pelas propriedades de uma pessoa ou coisa. Na resposta, insere-se o artigo indefinido:
Was für ein Fahrrad hast du? – Ein teures Rennrad mit 20 Gängen. (Que tipo de bicicleta você tem? – Uma bicicleta de corrida cara com 20 marchas.)

A2

Se was für ein? for empregado como artigo, portanto com um substantivo, ein será flexionado da mesma forma como se flexiona o artigo indefinido ein (▷ 1.2).

☼ O pronome interrogativo welcher? (qual?) será declinado da mesma maneira como pronome e como artigo, com marca de caso, como o artigo definido (▷ 1.1).

Com o pronome interrogativo welcher?, interroga-se por determinada pessoa ou coisa de um tipo ou grupo. Na resposta, insere-se o artigo definido:
Welches Fahrrad ist deins? – Das da drüben. (Qual é a sua bicicleta? – Aquela lá.)

6.9 Pronome reflexivo

Formas

❶ O pronome reflexivo tem somente as formas do acusativo e do dativo: na 1ª e na 2ª pessoa, ele corresponde aos pronomes pessoais. Apenas na 3ª pessoa haverá uma forma própria (sich):

	Singular			Plural		
	1ª pessoa	2ª pessoa	3ª pessoa	1ª pessoa	2ª pessoa	3ª pessoa
Acusativo	mich (me)	dich (te)	sich (se)	uns (nos)	euch (vos)	sich (se)
Dativo	mir (a mim)	dir (a ti)	sich (se)	uns (nos)	euch (a vós, a vocês)	sich (se)

Uso

O pronome reflexivo pode ser:
- obrigatório, como parte componente fixa do verbo (sich freuen [alegrar-se], sich schämen [envergonhar-se], sich erholen [restabelecer-se] etc.) L! Deve-se sempre aprender a regência de cada novo verbo!
- facultativo, como complemento do verbo: sich waschen (lavar-se), sich rasieren (barbear-se), sich schminken (maquiar-se), sich verstecken (esconder-se).

> **Auf einen Blick**

Olhando de perto 🔍

Pronome

Os pronomes substituem os substantivos na oração.

Pronome pessoal
O sistema pronominal é composto por dois números, singular e plural, e três pessoas, que sofrem declinação:
- 1ª pessoa: ich/wir
- 2ª pessoa: du/ihr
- 3ª pessoa: er, sie, es/Sie

Somente no singular há diferença de gênero da 3ª pessoa (er, sie, es).

❶ Os modos de tratamento formais (Sie, Ihnen, Ihrer) são da 3ª pessoa do plural, porém grafados com inicial maiúscula

Pronome possessivo
As formas possessivas indicam possuidor. Também há três pessoas:
- 1ª pessoa: mein/unser
- 2ª pessoa: dein/euer
- 3ª pessoa: sein, ihr/Ihr

As terminações variam em caso. Se uma forma possessiva aparecer como artigo diante de um substantivo, ela terá a mesma desinência que um artigo indefinido.

Pronome demonstrativo
A forma mais empregada é der/das/die. Outras formas são dieser, jener, solcher, derjenige e derselbe. Elas podem ser empregadas tanto como artigo quanto como pronome.

Pronome relativo

G Pronomes relativos introduzem uma oração relativa, com a qual um substantivo é determinado de modo mais preciso:
Das ist der Kollege, **der** mir immer geholfen hat. (Este é o colega que sempre tem me ajudado.)

☼ O gênero e o número do pronome relativo concordam com o substantivo a que se referem, enquanto o caso varia de acordo com o verbo na oração relativa.

A forma mais empregada é der/das/die. Outras formas são welcher, wo, wohin, woher e was.

Uma preposição pode ser inserida antes do pronome quando for exigida pelo verbo na oração relativa:
Die Großmutter, **an die** wir oft denken, besuchen wir Sonntag. (denken **an**) (No domingo vamos visitar a vovó, em quem pensamos com frequência. [pensar em])

Pronome indefinido

Alguns pronomes indefinidos aparecem sempre sozinhos: man, jemand, niemand, nichts, alles, viel, wenig.
Ich habe **niemanden** auf der Straße gesehen. (Não vi ninguém na rua.)

Outros podem ocorrer juntamente com um substantivo: alle, viele, ein paar, wenige, beide, andere, einige.
Nur **wenige** Mitarbeiter haben sich freiwillig gemeldet. (Apenas poucos funcionários inscreveram-se por livre e espontânea vontade.)

Olhando de perto

Pronome reflexivo

As formas correspondem à 1ª e à 2ª forma dos pronomes pessoais. A forma na 3ª pessoa demanda o uso de sich. Os pronomes reflexivos podem ser um componente fixo de verbos ou podem complementar um verbo de modo facultativo:

Er schämt **sich** für seine schlechten Noten. (Ele se envergonha por suas notas baixas.) (modo fixo)

Sie schminkt **sich**. (Ela se maquia.) (modo facultativo)

Das Verb

7 Verbo

ⓘ Os verbos servem, sobretudo, para indicar ações, processos e estados.

☼ O infinitivo (▷ ⑪) de todos os verbos termina em **-en**, por vezes também em **-n**: sag**en** (dizer), sprech**en** (falar), handel**n** (agir).

A parte sem terminação é denominada radical: sag-, sprech-, handel-.

Dependendo de sua terminação, os verbos podem ser:
- infinitos: o verbo não possui nenhuma terminação pessoal e é dependente. Os verbos infinitos são: infinitivo (presente e perfeito): lieben (amar), geliebt haben (amou/ter amado) e particípio I e II (▷ ⑫): liebend (amoroso), geliebt (amado).
- finitos: verbo com desinências pessoais e que serve como predicado de uma oração.

Segundo sua função, os verbos podem ser diferenciados em:
- auxiliares (haben, sein, werden): empregados nos tempos compostos do verbo (▷ 7.2).
- modais (como können [ter capacidade de], dürfen [ter licença para]): especificam a modalidade de uma ação (▷ 7.3).
- plenos (como sehen [ver], rufen [chamar], lieben [amar]): compõem o predicado de maneira autônoma.

7.1 Conjugações

O verbo é conjugado segundo:
- pessoa: 1ª, 2ª, 3ª pessoa
- número: singular, plural

Verbo

- tempo: presente, pretérito, perfeito, mais-que-perfeito, futuro I, futuro II
- modo: indicativo, subjuntivo, imperativo
- voz: ativa, passiva

☼ A pessoa e o número são expressos nas terminações pessoais. O tempo é expresso por sufixos ou por verbos auxiliares. O modo é expresso por sufixos, e a voz passiva, sempre por verbos auxiliares. Acrescentam-se a isso, sob determinadas condições, alterações da vogal do radical.

☼ As formas verbais simples são presente, pretérito, subjuntivo I, subjuntivo II e imperativo. Todas as outras formas são compostas por um verbo auxiliar e a forma infinita (infinitivo ou particípio) de um verbo principal.

L! De cada verbo deve-se aprender somente as formas simples, as demais devendo ser derivadas.

7.1.1 Terminações pessoais

Existem duas séries de terminações pessoais.

	Série A Presente	
ich	such-**e** (busco)	geb-**e** (dou)
du	such-**st** (buscas)	gib-**st** (dás)
er/es/sie	such-**t** (busco)	gib-**t** (dá)
wir	such-**en** (buscamos)	geb-**en** (damos)
ihr	such-**t** (buscais)	geb-**t** (dastes)
sie/Sie	such-**en** (buscam)	geb-**en** (dão)

Verbo

A série de terminações A aparece somente no presente do indicativo. Isso não vale para os verbos sein e wissen nem para os verbos modais. Para eles, bem como para todos os outros casos, tem-se a série de terminações B:

	Série B Presente	Pretérito		Subjuntivo II	Subjuntivo I
ich	kann-Ø (posso)	gab-Ø (dei)	such-te-Ø (busquei)	wär-e-Ø (fosse)	könn-e-Ø (pudesse)
du	kann-st (podes)	gab-st (deste)	such-te-st (buscaste)	wär-e-st (fosses)	könn-e-st (pudesses)
er/es/sie	kann-Ø (pode)	gab-Ø (deu)	such-te-Ø (buscou)	wär-e-Ø (fosse)	könn-e-Ø (pudesse)
wir	könn-en (podemos)	gab-en (demos)	such-te-en (buscamos)	wär-e-en (fôssemos)	könn-e-en (pudéssemos)
ihr	könn-t (podeis)	gab-t (destes)	such-te-t (buscastes)	wär-e-t (fôsseis)	könn-e-t (pudésseis)
sie/Sie	könn-en (podem)	gab-en (deram)	such-te-en (buscaram)	wär-e-en (fossem)	könn-e-en (pudessem)

⚡ Letras repetidas fundem-se numa só:
wir such-te-en → wir suchten (nós buscamos → nós buscamos), du lies-st → du liest (tu lês → tu lês).

⚡ Peculiaridades da conjugação verbal:
- 💡 Em alguns verbos, tem-se na 2ª e na 3ª pessoa do singular do tempo presente uma mudança da vogal do radical de -e para -i (ich spreche, du sprichst, er spricht [eu falo, tu falas, ele fala]) ou passa-se de -a para -ä (ich trage, du trägst, er trägt [eu trago, tu trazes, ele traz]).

- Quando o radical do verbo terminar em -d/-t ou em encontro consonantal com -m ou -n, acrescenta-se um -e- às terminações consonantais:
er red-e-t, du wart-e-st, du atm-e-st, sie rechn-e-t. (eu falo, tu esperas, tu respiras, ela calcula)
- ⚡ Em verbos cujo radical termina em -el ou -er, o -e- é frequentemente excluído na 1ª pessoa do singular:
lächeln → ich lächle, zaubern → ich zaubre. (sorrir → eu sorrio, encantar → eu encanto)

7.1.2 Verbos fracos, fortes e mistos

A1

☼ Segundo a conjugação, há a distinção entre verbos fracos, fortes e mistos. Os verbos fracos são verbos regulares, os fortes e mistos são verbos irregulares.

❶ Decisivas para a diferenciação de verbos fracos, fortes ou outros verbos são suas formas no presente, no pretérito e no particípio II.

Os verbos fracos têm, em todas as formas, a mesma vogal do radical; no pretérito, o sufixo -te-; e no particípio II, a terminação -t:

Infinitivo	Pretérito	Particípio II
suchen (buscam)	suchte (busquei /buscou)	gesucht (buscado)

Em diversas formas há, nos verbos fortes, alteração da vogal do radical. No pretérito, elas não têm nenhum sufixo adicional, e no particípio II, a terminação -en:

Infinitivo	Pretérito	Particípio II
sprechen (falar)	sprach (falou)	gesprochen (falado)

Os verbos fortes são divididos de acordo com a variação da vogal do radical em três grupos:
- 3 vogais de radical (1 – 2 – 3):
  spr**e**chen – spr**a**ch – gespr**o**chen (falar – falou – falado)
- 2 vogais de radical (1 – 2 – 2):
  schr**ei**ben – schr**ie**b – geschr**ie**ben (escrever – escreveu – escrito)

  (vogal do pretérito = particípio II)
- 2 vogais de radical (1 – 2 – 1):
  l**e**sen – l**a**s – gel**e**sen (ler – leu – lido)

  (vogal do presente = particípio II)

Os verbos mistos apresentam vogais de radical diferentes das vogais dos verbos fortes, mas, assim como os verbos fracos, apresentam o sufixo -te- no pretérito e -t no particípio II: n**e**nnen – n**a**nn**te** – gen**a**nn**t** (nomear – nomeou – nomeado).

7.2 Verbo auxiliar

Formas

❶ Para a formação de diferentes tempos e da voz passiva são usados três verbos auxiliares: haben, sein e werden:

	Presente	Pretérito	Subjuntivo I	Subjuntivo II
ich	habe (tenho)	hatte (tive)	habe (tenha)	hätte (tivesse)
du	hast (tens)	hattest (tiveste)	habest (tenhas)	hättest (tivesses)
er/es/sie	hat (tem)	hatte (teve)	habe (tenha)	hätte (tivesse)
wir	haben (temos)	hatten (tivemos)	haben (tenhamos)	hätten (tivéssemos)
ihr	habt (tendes)	hattet (tivestes)	habet (tenhais)	hättet (tivésseis)
sie/Sie	haben (têm)	hatten (tiveram)	haben (tenham)	hätten (tivessem)

Verbo

Inf. presente: haben (ter)   Inf. perfeito: gehabt haben (ter tido)

Particípio I: habend (tendo)   Particípio II: gehabt (tido)

	Presente	Pretérito	Subjuntivo I	Subjuntivo II
ich	bin (sou)	war (fui)	sei (seja)	wäre (fosse)
du	bist (és)	warst (foste)	sei(e)st (sejas)	wär(e)st (fosses)
er/es/sie	ist (é)	war (foi)	sei (seja)	wäre (fosse)
wir	sind (somos)	waren (fomos)	seien (sejamos)	wären (fôssemos)
ihr	seid (sois)	wart (fostes)	sei(e)t (sejais)	wär(e)t (fôsseis)
sie/Sie	sind (são)	waren (foram)	seien (sejam)	wären (fossem)

Inf. presente: sein (ser)   Inf. perfeito: gewesen sein (ter sido)

Particípio I: seiend (sendo)   Particípio II: gewesen (sido)

	Presente	Pretérito	Subjuntivo I	Subjuntivo II
ich	werde (me torno)	wurde (me tornei)	werde (me torne)	würde (me tornasse)
du	wirst (te tornas)	wurdest (te tornaste)	werdest (te tornes)	würdest (te tornasses)
er/es/sie	wird (se torna)	wurde (se tornou)	werde (se torne)	würde (se tornasse)
wir	werden (nos tornamos)	wurden (nos tornamos)	werden (nos tornemos)	würden (nos tornássemos)
ihr	werdet (vos tornais)	wurdet (vos tornastes)	werdet (vos torneis)	würdet (vos tornásseis)
sie/Sie	werden (se tornam)	wurden (se tornaram)	werden (se tornem)	würden (se tornassem)

Verbo

Inf. presente: **werden** (tornar-se)
Partícipio I: **werdend** (tornando)

Inf. perfeito: **geworden sein** (ter se tornado)
Partícipio II: **geworden** (tornado-se)

Uso

Os verbos auxiliares servem, sobretudo, para a constituição de diferentes formas verbais:

- **haben** + particípio II para a formação do perfeito: **ich habe geliebt** (eu amei)
- **sein** + particípio II para a formação do perfeito: **ich bin gelaufen** (eu corri)
- B1 **werden** + infinitivo para a formação do futuro: **er wird kommen** (ele virá)
- B1 **werden** + particípio II para formação do passivo (processual): **sie wird geliebt** (ela é amada)
- B1 **sein** + particípio II para formação do passivo de estado: **es ist geschlossen** ([ele] está fechado)

Os verbos **sein**, **werden** e também **bleiben** podem aparecer também como parte do predicado (os assim chamados "verbos copulares"). Ligam-se então com um predicado:
- com um adjetivo: **Wir sind glücklich.** (Nós somos felizes.) **Sie** A2 **wird krank.** (Ela adoeceu.) **Sie bleiben hart.** (Eles se mantêm duros.)
- com um substantivo: **Er ist Lehrer.** (Ele é professor.) **Sie wird Beamtin.** (Ela se torna funcionária.)
- Com um advérbio: **Sie ist hier.** (Ela está aqui.) **Wir bleiben da.** (Nós nos mantemos ali.)
- Todos os verbos auxiliares podem ser empregados também como verbos principais: **Ich habe eine Wohnung** (Eu tenho uma moradia.) (**haben** = besitzen [possuir])**.**

7.3 Verbo modal

A1

Formas

A modalidade (tipo e modo) de uma ação é expressa pelos verbos modais. Suas formas no presente:

	wollen	sollen	müssen	können*	dürfen*	mögen	möchten
ich	will (quero)	soll (devo)	muss (tenho)	kann (posso)	darf (posso)	mag (gosto)	möchte (gostaria)
du	willst (queres)	sollst (deves)	musst (tens)	kannst (podes)	darfst (podes)	magst (gostas)	möchtest (gostarias)
er/es/ sie	will (quer)	soll (deve)	muss (tem)	kann (pode)	darf (pode)	mag (gosta)	möchte (gostaria)
wir	wollen (queremos)	sollen (devemos)	müssen (temos)	können (podemos)	dürfen (podemos)	mögen (gostamos)	möchten (gostaríamos)
ihr	woll (quereis)	sollt (deveis)	müsst (tendes)	könnt (podeis)	dürft (podeis)	mögt (gostais)	möchtet (gostaríeis)
sie/Sie	wollen (querem)	sollen (devem)	müssen (têm)	können (podem)	dürfen (podem)	mögen (gostam)	möchten (gostariam)

* "Dürfen" tem o sentido de "ter permissão para", diferente de "Können", que seria "ter a capacidade de".

- também no presente, os verbos modais apresentam as terminações pessoais da série B (▷ 7.1.1).
- há mudança de vogal nos verbos modais (exceção feita a sollen e möchten) entre singular e plural.

Uso

☼ De modo geral, os verbos modais ligam-se com um verbo principal no infinitivo puro (▷ ⑪):
Ich kann **schwimmen**. (Eu sei nadar.)

Verbo

B1 No perfeito, o verbo modal aparece no infinitivo:
Ich habe schwimmen **können.** (Eu sabia nadar.)

Os verbos modais também podem ser empregados de maneira autônoma (isto é, sem infinitivo):
Ich **kann** das. (Eu consigo isso.) Sie **will** das. (Ela quer isso.)

B1 Neste caso, o perfeito é formado com o particípio II:
Ich **habe** das **gekonnt.** (Eu pude isso.) Sie **hat** das **gewollt.** (Ela quis isso.)

B2 ⚡ A negação do verbo modal müssen é nicht brauchen (com o infinitivo e zu!):
Ich **muss** heimgehen. → Ich **brauche nicht** heim**zu**gehen. (Tenho de voltar para casa. → Não tenho de voltar para casa.)
Sie **muss** heute einkaufen. → Sie **braucht** heute **nicht** ein**zu**kaufen. (Hoje ela tem de ir às compras. → Hoje ela não precisa ir às compras.)

B2 Os verbos modais podem ser empregados também para expressar uma suposição:

> Er **muss** krank sein. (Ele deve estar doente.) (certamente)
> Sie **müsste** jetzt fast vierzig sein. (Ela já deve estar perto dos quarenta anos.) (provavelmente)
> Die Kinder **dürften** schon schlafen. (As crianças já deveriam estar dormindo.) (supostamente)

B2 💡 Quando verbos modais são combinados com a voz passiva, suprime-se o verbo auxiliar. Como verbo finito, o verbo modal aparece em segundo lugar:
Der Künstler **sollte** als Erster bedient werden. (O artista deveria ser servido primeiro.)

7.4 Verbos separáveis e não separáveis A1

❶ Os prefixos de verbos podem ser divididos em três grandes grupos.
• Verbos com prefixos tônicos são *separáveis*. A essa classe pertencem:

ab-, aus-, los-, vor-, da-, hin-, her-, an-, bei-, mit-, weg-, daran-, auf-, ein-, nach-, zu-, darauf-, hinauf-, herauf-

Verbos com esses prefixos tônicos compõem uma estrutura verbal descontínua (▷ 16.2) em todas as formas de tempos simples (ainda que não em orações auxiliares). No particípio II, aparece -ge- entre prefixo e particípio (an**ge**sprochen):
Er **spricht** die Leute **an.** (Ele fala às pessoas.)
Er **sprach** die Leute **an.** (Ele falou às pessoas.)

• Verbos com prefixos átonos são inseparáveis:

be-, ent-, er-, ge-, ver-, zer-, miss-

Verbos com esses prefixos jamais podem ser separados. No particípio II não se tem -ge-:
Wir **bearbeiten** die Aufgabe. (Nós administramos a incumbência.) (Em português, no tempo *presente*.)

Verbo

Wir haben die Aufgabe **bearbeitet**. (Nós administramos a incumbência.) (Em português, no tempo *passado*.)

- Dependendo da tonicidade, alguns verbos podem ser separáveis ou inseparáveis. Havendo tonicidade, os prefixos são separáveis, e se houver atonicidade, inseparáveis. A essa classe pertencem:

durch-, hinter-, über-, unter-, um-

Tônico e separável	Átono e inseparável
Der Redakteur schreibt den Text um.	Der Lehrer umschreibt ein Wort.
(O redator reescreve o texto.)	(O professor descreve uma palavra.)
Er fährt den Baum um.	Er umfährt den Baum.
(Ele bate na árvore.)	(Ele circunda a árvore.)
Sie stellt das Fahrrad unter.	Sie unterstellt ihm Betrug.
(Ele recolheu a bicicleta.)	(Ela imputa-lhe a fraude.)
Ich kleide mich um. (Eu me visto.)	Ich umarme dich. (Eu te abraço.)

Auf einen Blick

Olhando de perto 🔍

Verbo

G Verbos indicam ações, processos e estados. Diferenciam-se entre verbos infinitos e finitos.

Verbos infinitos não possuem terminação pessoal:
- Infinitivo: lieben, sagen, handeln
- Particípio I e II: handelnd, gehandelt

Verbos finitos possuem terminações pessoais.

Conjugação

O verbo é conjugado segundo:
- pessoa: 1ª, 2ª, 3ª pessoa
- número: singular, plural
- tempo: presente, pretérito, perfeito, mais-que-perfeito, futuro I, futuro II
- modo: indicativo, subjuntivo, imperativo
- voz: ativa, passiva

ⓘ Existem diferentes tipos de conjugação. Decisivas são as formas dos verbos no presente, no pretérito e no particípio II:

- Os verbos fracos não mudam sua vogal do radical; o pretérito apresenta o sufixo -te-; e o particípio II, a terminação -t: kaufen, kaufte, gekauft. (comprar, comprou, comprado).
- Os verbos fracos mudam sua vogal do radical; o pretérito não tem sufixo; e o particípio II apresenta a terminação -en: schwimmen, schwamm, geschwommen. (nadar, nadou, nadado).

- Os verbos mistos mudam sua vogal de radical, porém são formados como os verbos fracos:
denken, dachte, gedacht. (pensar, pensou, pensado).

Verbo auxiliar

Em alemão, existem três verbos auxiliares: haben, sein e werden. Juntamente com um verbo principal, eles compõem diferentes tempos e a voz passiva.

- Perfeito: sein e haben + particípio II: er **hat** gelesen (ele leu), sie **ist** gekommen (ela veio)
- Futuro: werden + infinitivo: er **wird** bleiben (ele ficará)
- Passiva processual: werden + particípio II: es **wird** gebaut (foi construído)
- Passiva estática: sein + particípio II: es **ist** geöffnet (foi aberto)

Verbo modal

São modais os seguintes verbos: wollen, sollen, müssen, können, dürfen, mögen, möchten.

☼ De modo geral, aparecem juntamente com um infinitivo: Ich **muss** noch einen Brief **schreiben**. (Tenho ainda de escrever uma carta.)

Os verbos modais possuem diferentes significados:
- permissão: Hier **darf** man parken. (Aqui é permitido estacionar.)
- proibição: Hier darf man **nicht rauchen**. (Aqui é proibido fumar.)
- necessidade: Du **musst** für die Prüfung lernen. (Você tem de estudar para a prova.)
- desejo: Ich **will/möchte** morgen ausschlafen. (Eu quero/Eu gostaria de dormir até tarde amanhã.)

> **Olhando de perto**

Verbos separáveis e não separáveis

> ☼ Alguns verbos contêm prefixos. Os prefixos tônicos podem ser separados do verbo, mas os prefixos átonos não.

Exemplos para prefixos separáveis: ab-, an, mit-, ein-, zu-: Der Zug **fährt** in fünf Minuten **ab**. (O trem parte em cinco minutos.)

Exemplos para prefixos não separáveis: er-, ver-, be-: Ich **erinnere** mich nicht an den Unfall. (Eu não me lembro do acidente.)

8 Indicativo

ⓘ O indicativo é o modo da realidade e dos fatos, que podem ser descritos no presente (Präsens), no passado (Perfekt, Präteritum, Plusquamperfekt) e no futuro (Futur I e II).

8.1 Presente

Formas

	Verbos fracos			
	lieben (amar)	**antworten** (responder)	**reisen** (viajar)	**klingeln** (soar)
ich	liebe	antworte	reise	klingle
du	liebst	antwortest	reist	klingelst
er/es/sie	liebt	antwortet	reist	klingelt
wir	lieben	antworten	reisen	klingeln
ihr	liebt	antwortet	reist	klingelt
sie/Sie	lieben	antworten	reisen	klingeln

	Verbos fortes			
	sehen (ver)	**schlafen** (dormir)	**nehmen** (tomar)	**wissen** (saber)
ich	sehe	schlafe	nehme	weiß
du	siehst	schläfst	nimmst	weißt
er/es/sie	sieht	schläft	nimmt	weiß
wir	sehen	schlafen	nehmen	wissen
ihr	seht	schlaft	nehmt	wisst
sie/Sie	sehen	schlafen	nehmen	wissen

> Indicativo

⚡ Os verbos fortes mudam sua vogal do radical na 2ª e na 3ª pessoa do singular.

Uso

O presente descreve ações e acontecimentos no tempo presente.
Sei bitte ruhig, ich **telefoniere** gerade. (Por favor, fique calmo, estou telefonando.)

Juntamente com uma indicação de tempo, o presente descreve também o futuro.
Ich **fahre** nächste Woche in Urlaub. (Na semana que vem viajo de férias.)

8.2 Passado   A2

8.2.1 Perfeito   A2

Formas

☼ A maior parte dos verbos compõe o seu perfeito com o verbo auxiliar haben e com o particípio II. ⚡ No entanto, alguns verbos necessitam do verbo auxiliar sein e do particípio II (▷ 12.2).

Verbo com haben:

	Verbo fraco	**Verbo forte**
ich	habe geliebt (amei)	habe gerufen (chamei)
du	hast geliebt (amaste)	hast gerufen (chamaste)
er/es/sie	hat geliebt (amou)	hat gerufen (chamaram)
wir	haben geliebt (amamos)	haben gerufen (chamamos)
ihr	habt geliebt (amastes)	habt gerufen (chamastes)
sie/Sie	haben geliebt (amaram)	haben gerufen (chamaram)

Verbo com sein:

	Verbo fraco	Verbo forte
ich	bin gereist (viajei)	bin gefahren (dirigi)
du	bist gereist (viajaste)	bist gefahren (dirigiste)
er/es/sie	ist gereist (viajou)	ist gefahren (dirigiu)
wir	sind gereist (viajamos)	sind gefahren (dirigimos)
ihr	seid gereist (viajastes)	seid gefahren (dirigiste)
sie/Sie	sind gereist (viajaram)	sind gefahren (dirigiu)

Uso

O perfeito, sobretudo dos verbos a seguir, é formado com haben.
- Todos os verbos transitivos:
    Ich **habe** das Buch **gelesen**. (Eu li o livro.)
- Todos os verbos reflexivos:
    Er **hat** sich **gefreut**. (Ele se alegra.)
- Alguns verbos intransitivos:
    Die Blume **hat geblüht**. (A flor floresceu.)

Os verbos intransitivos formam seu perfeito com sein, sobretudo os verbos que:
- podem caracterizar um movimento contínuo ou direcionado:
    Ich **bin gelaufen**. (Eu corri.)
- podem caracterizar uma mudança (por exemplo, o início ou o final de uma ação):
    Er **ist eingeschlafen**. (Ele pegou no sono.)

Da mesma forma com os verbos sein e bleiben:
    Ich **bin** gestern dort **gewesen**. (Eu estive lá ontem.)
    Sie **ist** noch etwas länger **geblieben**. (Ela ainda ficou um pouco mais.)

Indicativo

☀ Com o perfeito expressa-se o passado. É empregado, na maioria das vezes, na língua falada: „Ich **bin** am Wochenende nach Berlin **gefahren**. Und du?" – „Ich **habe** eine Radtour **gemacht**." (No fim de semana fui para Berlim. E você? – Fiz um tour de bicicleta.)

O perfeito é por vezes substituído pelo futuro II (▷ 8.3.2): **B2**
In einem Monat **hat** er den Führerschein **geschafft**.
(Em um mês ele terá conseguido a carteira de motorista.)

8.2.2 Pretérito

Formas

☀ A desinência de tempo do pretérito é -te-, nos verbos fracos, e a vogal do radical, nos verbos fortes:

	Verbos fracos		Verbo forte	Verbo misto
	lieben (amar)	**antworten** (responder)	**rufen** (chamar)	**denken** (pensar)
ich	lieb**te**	antwort**ete**	rief	dach**te**
du	lieb**test**	antwort**etest**	rief**st**	dach**test**
er/es/sie	lieb**te**	antwort**ete**	rief	dach**te**
wir	lieb**ten**	antwort**eten**	rief**en**	dach**ten**
ihr	lieb**tet**	antwort**etet**	rief**t**	dach**tet**
sie/Sie	lieb**ten**	antwort**eten**	rief**en**	dach**ten**

Uso

Com o pretérito as ações são descritas no passado. ⬅
Ele é empregado, sobretudo, na linguagem escrita, isto é, em narrativas, relatos, artigos etc.:
Vorsichtig **ging** er die Treppe hinauf, **öffnete** die Tür und dann **sah** er es. (Ele subiu a escada cuidadosamente, abriu a porta e foi então que o viu.)

⚡ Os verbos **haben** e **sein**, bem como os verbos modais e a expressão **es gibt**, são empregados também na linguagem falada no pretérito: **Warst du am Wochenende auf dem Konzert? – Nein, ich hatte Kopfschmerzen. Außerdem gab es keine Karten mehr.** (Você esteve no concerto no fim de semana? – Não, tive dor de cabeça. Além disso, já não havia ingressos.)

8.2.3 Mais-que-perfeito

Formas

☀ O mais-que-perfeito é formado com os verbos auxiliares **haben** e **sein** (ser) no pretérito e no particípio II.
Verbo com **haben**:

hatte/hattest/hatte/ hatten/hattet/hatten	geliebt/gerufen

Verbo com **sein**:

war/warst/war/ waren/wart/waren	gereist/gefahren

Uso

☀ O mais-que-perfeito é empregado para expressar precedência no passado, ou seja, a ação que temporalmente precede a outra é expressa no mais-que-perfeito, enquanto a ação posterior fica no perfeito ou no pretérito: **Nachdem er das Studium beendet hatte, machte er eine Weltreise.** (Depois que terminou a faculdade, ele fez uma viagem pelo mundo.)

Indicativo

8.3 Futur B1

8.3.1 Futuro I B1

Formas

☼ No presente, juntamente com o infinitivo, o verbo auxiliar **werden** compõe o futuro I.

	Verbo fraco	Verbo forte
ich	werde lieben (amarei)	werde rufen (chamarei)
du	wirst lieben (amarás)	wirst rufen (chamarás)
er/es/sie	wird lieben (amará)	wird rufen (chamará)
wir	werden lieben (amaremos)	werden rufen (chamaremos)
ihr	werdet lieben (amareis)	werdet rufen (chamareis)
sie/Sie	werden lieben (amarão)	werden rufen (chamarão)

Uso

☼ O futuro I é empregado para descrever processos e ações que estão no futuro:
Sie **wird** bald nach Australien **gehen.** (Logo ela irá para a Austrália.)

❶ Entretanto, no alemão de hoje, na maioria das vezes, emprega-se a forma do presente para descrever algo futuro:
Im Sommer **fahren** wir nach Italien. (No verão, vamos para a Itália.)

⚡ A ligação de werden com o infinitivo expressa ainda um significado adicional:
- suposição: Sie **wird** nicht mehr **kommen.** (Ela não virá mais.)
- para enfatizar uma exigência: Das **wirst** du nicht noch einmal **tun**! (Você não vai fazer isso de novo!)

Indicativo

8.3.2 Futuro II

Formas

☼ O futuro II é formado empregando-se o verbo auxiliar werden no presente e haben ou sein no particípio II. Os verbos auxiliares haben e sein são inseridos no infinitivo depois do particípio perfeito.

	Verbo fraco	Verbo forte
ich	werde geliebt haben (terei amado)	werde gerufen haben (terei chamado)
du	wirst geliebt haben (terás amado)	wirst gerufen haben (terás chamado)
er/es/sie	wird geliebt haben (terá amado)	wird gerufen haben (terá chamado)
wir	werden geliebt haben (teremos amado)	werden gerufen haben (teremos chamado)
ihr	werdet geliebt haben (tereis amado)	werdet gerufen haben (tereis chamado)
sie/Sie	werden geliebt haben (terão amado)	werden gerufen haben (terão chamado)

Uso

O futuro II expressa que uma ação estará encerrada no futuro:

Nächstes Jahr **wird** er sein eigenes Geschäft **eröffnet haben.** (Ano que vem ele terá aberto um negócio próprio.)

Da mesma forma que o futuro I, também o futuro II pode ser empregado para suposições e para enfatizar exigências:

Er **wird** jetzt wohl in Berlin **angekommen sein.** (Ele já deve ter chegado a Berlim.)

Sie **werden** den Bericht bis morgen fertig **geschrieben haben.** (Até amanhã eles terão redigido o relatório.)

Auf einen Blick

Olhando de perto

Indicativo

O indicativo é o modo da realidade e dos fatos.

Presente

As desinências de pessoa no singular são -e, -st, -t e, no plural, -en, -t, -en. ⚡ Em diversos verbos, a vogal do radical se altera na 2ª e na 3ª pessoa do singular de -e para -i (ich gebe, du gibst, er gibt [eu dou, tu dás, ele dá]) ou de -a para -ä (ich fahre, du fährst, er fährt [eu dirijo, tu diriges, ele dirige]).

O presente descreve:
- atualidades: Er **arbeitet** noch bis 17 Uhr. (Ele trabalha até as 17 horas.)
- fatos de caráter universal: Deutschland **liegt** in Europa. (A Alemanha fica na Europa.)
- o futuro: Wir **heiraten** nächstes Jahr. (Vamos nos casar ano que vem.)

Perfeito

G O perfeito é formado com os verbos auxiliares haben e sein e com o particípio II:
Wir **haben** uns sehr **gefreut**. (Nós nos alegramos muito.)
Karl **ist** heute früh von der Arbeit **gekommen**. (Karl chegou do trabalho cedo hoje.)
O perfeito da maior parte dos verbos, dentre os quais todos os verbos reflexivos e modais, é formado com o verbo auxiliar haben.

> ☼ O verbo auxiliar sein é empregado com verbos de mudança de lugar (por exemplo, fahren [dirigir], kommen [vir]), mudança de estado (por exemplo, einschlafen [adormecer], werden [tornar-se]) e com sein (ser) e bleiben (manter-se).

O perfeito é o tempo do passado na linguagem falada.

Pretérito

G No pretérito, os verbos fracos apresentam o sufixo -te- (er liebt, er liebte) [ele ama, ele amou]), e nos verbos fortes há mudança da vogal do radical (er ruft, er rief [ele chama, ele chamou]).

O pretérito é o tempo do passado na língua escrita:
Die Außenminister **trafen** sich letzten Freitag in Den Haag, aber sie **kamen** zu keinem Ergebnis. (Os ministros das relações exteriores encontraram-se em Haia na última sexta, mas não chegaram a nenhum acordo.)

⚡ Os verbos haben, sein, todos os verbos modais e a expressão es gibt são empregados também na linguagem falada no pretérito.

Mais-que-perfeito

G O mais-que-perfeito é formado com o pretérito dos verbos auxiliares haben e sein e o particípio II:
Ich **hatte** vorher lange **gearbeitet**. (Eu trabalhei antes durante muito tempo.)
Er **war** vorher zum Reisebüro **gegangen**. (Antes ele tinha ido à agência de viagens.)
O mais-que-perfeito expressa uma ação que precede temporalmente outra ação.

> **Olhando de perto**

Futuro

Diferencia-se entre o futuro I (er **wird kommen**, ele virá) e o futuro II (er **wird gekommen sein**, ele terá vindo).
O futuro I expressa o futuro ou uma suposição.
Ich **werde** die Stelle **annehmen.** (Aceitarei o cargo.)
Der Mantel **wird** sicher teuer **sein.** (O casaco certamente será caro.)
O futuro II expressa que uma ação se concluiu no passado.
Sie **wird** die Stelle sicher **bekommen haben.** (Sem dúvida, ela terá conseguido a vaga.)

9 Subjuntivo

ℹ️ Na linguagem falada, há uma diferença entre dois subjuntivos: o subjuntivo II e o subjuntivo I.
💡 Usa-se, sobretudo, o subjuntivo II.

O subjuntivo I é derivado do presente do verbo, e o subjuntivo II, do pretérito. ⚡ Entretanto, as formas subjuntivas não expressam graduações temporais diferentes! Ambas se encontram no presente e no passado:

	Subjuntivo II	Subjuntivo I
Presente	er riefe/er ginge (ele chamasse/ele fosse)	er rufe/er gehe (se ele chamar/se ele for)
Passado	er hätte gerufen/ er wäre gegangen (ele tivesse chamado/ele tivesse ido)	er habe gerufen/ er sei gegangen (ele tivesse chamado/ele tivesse ido)

9.1 Subjuntivo II

Formas

	Sintético	Forma würde
ich	riefe (chamasse)	würde rufen (tivesse chamado)
du	riefest (chamasses)	würdest rufen (tivesses chamado)
er/es/sie	riefe (chamasse)	würde rufen (tivesse chamado)
wir	riefen (chamássemos)	würden rufen (tivéssemos chamado)
ihr	riefet (chamásseis)	würdet rufen (tivésseis chamado)
sie/Sie	riefen (chamassem)	würden rufen (tivessem chamado)

Subjuntivo

☼ A desinência do subjuntivo é -e-; já nos verbos fortes – quando possível –, leva-se trema.

❶ O subjuntivo II existe ora como forma verbal (simples) "sintética", ora como parte da forma do subjuntivo II de werden (würde).

❶ As formas sintéticas e würde são hoje idênticas em significado e função.

☼ As formas sintéticas do subjuntivo II são utilizáveis somente:
- com os verbos auxiliares sein, haben e werden.
- com verbos modais.
- com verbos fortes empregados com frequência: käme (viesse), wüsste (soubesse), ginge (fosse), ließe (deixasse) e bräuchte (precisasse), nähme (tomasse), gäbe (desse), sähe (visse), läge (ficasse).

Em todos os demais casos, sobretudo nos verbos regulares, ele assume a forma würde.

☼ No passado, no subjuntivo II, escolhe-se a forma sintética. Ela é constituída com a forma sintética do subjuntivo II de haben e sein e com o particípio II: ich hätte gerufen/ich wäre gegangen. (eu teria chamado/eu teria ido).

Uso

O subjuntivo II é empregado:
- no discurso indireto (▷ ⑱)
- para expressar desejo:
  Kämest du doch endlich! (Se você finalmente viesse!)
  Würde es jetzt nur endlich einmal **regnen**! (Se agora enfim chovesse, ao menos uma vez!)
  Wenn es doch jetzt endlich **regnen würde**!
  (Se finalmente estivesse chovendo agora!)

Subjuntivo

☼ Nesses casos, ou o verbo finito é inserido no início da oração, ou as orações são introduzidas por wenn.

- Orações condicionais para expressar irrealidade:
  Wenn sie ihn **geheiratet hätte, wäre** sie wohl nicht berühmt **geworden.** (Se ela tivesse casado com ele, não teria ficado famosa.)
  Wenn sie **wollte, könnte** sie immer noch zu ihm zurückkehren. (Se ela quisesse, ainda poderia voltar para ele.)
  Wenn er sie jetzt **fragen würde, würde** sie „Ja" **sagen.** (Se ele perguntasse a ela agora, ela diria "sim".)

- Comparações irreais:
  Sie sah so aus, **als ob** sie glücklich **wäre.** (Ela se apresentava como se estivesse feliz.)
  Sie verhielt sich, **als hätte** sie Probleme/**als ob** sie Probleme **hätte.** (Ela se comportava como se tivesse problemas.)

☼ Comparações irreais são introduzidas com als ob ou com als. Após als ob segue-se uma oração subordinada, isto é, o verbo conjugado vai para o final da oração. Após als segue-se uma oração principal, e o verbo é inserido diretamente depois de als.

B2 Em comparações irreais, algumas vezes também se pode ter o subjuntivo I:
Sie sah so aus, **als wäre** sie glücklich/**als sei** sie glücklich. (Ela se apresentava como se estivesse feliz.)

Subjuntivo

- Enunciações especialmente esperançosas:
  Hätten Sie einen Moment Zeit? (O senhor/a senhora teria um momentinho?)

- Em enunciados cautelosos ou relutantes:
  Das **wäre** ja recht praktisch. (Com certeza isso seria bem prático.)

9.2 Subjuntivo I

Formas

☼ No subjuntivo II, a desinência é -e-. Com exceção do verbo sein, a forma do subjuntivo I só se diferencia da forma do indicativo na 2ª e 3ª pessoa do singular e na 2ª pessoa do plural (du gehest, er gehe, ihr gehet [você vai, ele vai, vocês vão]).

	Subjuntivo I	Subjuntivo II
ich	rufe (chamasse) →	riefe/würde rufen (tivesse chamado)
du	rufest (chamasses)	(riefest/würdest rufen) (tivesses chamado)
er/es/sie	rufe (chamasse)	(riefe/würde rufen) (tivesse chamado)
wir	rufen (chamássemos) →	riefen/würden rufen (tivéssemos chamado)
ihr	rufet (chamásseis)	(riefet/würdet rufen) (tivésseis chamado)
sie/Sie	rufen (chamassem) →	riefen/würden rufen (tivessem chamado)

☼ Se o subjuntivo I não se diferencia da forma presente, emprega-se o subjuntivo II.

Subjuntivo

Uso

O subjuntivo I é empregado quando se usa o discurso indireto (▷ 18), mas apenas em alguns contextos formais.

- Linguagem religiosa
  Friede **sei** mit dir! (Que a paz esteja com você!)
- Desejos:
  Er **lebe** hoch! (Viva!/Vida longa a ele!)
- Requisitos (por exemplo, em receitas de cozinha ou em receituário médico):
  Man **nehme** 100 g Zucker, 200 g Mehl ... (100 g de açúcar, 200 g de farinha...)
- Matemática:
  Gegeben **sei** eine Strecke zwischen zwei Punkten A und B. (Dado um segmento entre os pontos A e B.)

Auf einen Blick

Olhando de perto 🔍

Subjuntivo

Diferencia-se entre o subjuntivo I e o subjuntivo II. O subjuntivo I raramente é usado.

G A desinência do subjuntivo é -e- O subjuntivo I é derivado do presente (er geht, er **gehe**); e o subjuntivo II, da forma do pretérito (er geht, er **ginge**).

⚡ Nenhuma das formas subjuntivas expressa categorias de tempo diferentes.

Se as duas formas do subjuntivo se relacionam ao futuro, normalmente se usa o presente. O futuro serve apenas para o subjuntivo I: Er **werde gehen**. (Ele virá.)

Subjuntivo II

ℹ️ Existem duas formas para o subjuntivo. A forma "sintética" ou simples é derivada do passado simples. A segunda forma é formada com würde e com o infinitivo: Ich **würde gehen**. (Eu iria.)

Uma vez que os verbos fracos apresentam a mesma forma que no pretérito, para esses verbos emprega-se a forma würde.

💡 A forma sintética é empregada:
- nos verbos auxiliares sein, haben e werden.
- nos verbos modais.
- nos verbos fortes empregados com frequência, por exemplo, käme, ginge, ließe, bräuchte, nähme, gäbe, sähe e läge.

Os verbos com vogais a, o e u no radical mantêm o trema.

O subjuntivo II no passado é constituído pela forma sintética de haben e sein mais o particípio: er **hätte gewartet**, ich **wäre geflogen**. (ele teria esperado, eu teria voado).

O subjuntivo II é empregado:
- em orações que expressem desejo: **Ich wäre gern Millionär.** (Eu gostaria de ser milionário.)
- para expressar irrealidade: **Wenn er sie gefragt hätte, hätte sie ihm keine Antwort geben können.** (Se ele tivesse perguntado a ela, ela não teria podido dar resposta nenhuma.)
- em comparações irreais: **Ihr Gesicht war so freundlich, als würde sie den ganzen Tag lächeln.** (Sua fisionomia era tão amistosa, como se ela tivesse sorrido o dia inteiro.)
- em enunciados polidos: **Dürfte ich Sie wohl kurz mal stören?** (Eu poderia lhe incomodar um momentinho?)

Subjuntivo I

ℹ No subjuntivo I, a não ser que o verbo seja o sein, diferenciam-se apenas a 2ª ou 3ª pessoa do singular e a 2ª pessoa do plural das formas presentes: du sagest, er sage, ihr saget. Por isso, em todas as outras formas, na maioria das vezes se usa o subjuntivo II.

A forma do passado é constituída a partir do subjuntivo I de haben e sein e o particípio II: er habe gerufen, sie sei gekommen. (se ele tivesse chamado, ela teria vindo)

O subjuntivo I é empregado:
- no discurso indireto: **Er sagt, er komme nach der Arbeit.** (Ele disse que vem após o trabalho.)
  ⚡ Quando o subjuntivo I tem a mesma forma que o presente, emprega-se o subjuntivo II.
- em alguns compostos de caráter formal, por exemplo: **Man nehme die Tropfen 3 x täglich.** (Deve-se tomar as gotas 3 vezes ao dia.)

Der Imperativ

10 Imperativo

Formas

	gehen (ir)	warten (esperar)	nehmen (tomar)
Sie	Gehen Sie! (Vá!)	Warten Sie! (Espere!)	Nehmen Sie! (Tome!)
Du	Geh! (Vai!)	Warte! (Espera!)	Nimm! (Toma!)
Ihr	Geht! (Ide!)	Wartet! (Esperai!)	Nehmt! (Tomai!)

☼ A forma Sie altera-se somente quando o verbo aparecer na primeira posição. Nas formas de du e de ihr, o pronome pessoal é suprimido, enquanto na forma du tem-se também a desinência de pessoa -st: du gehst ➡ Geh! (tu vais ➡ Vai!). As formas irregulares do imperativo:

	fahren (dirigir/andar)	sein (ser)
Sie	Fahren Sie! (Dirija!)	Seien Sie (ruhig)! Fique (calmo)!
Du	Fahr! (Dirige!)	Sei (ruhig)! Fica (calmo)!
Ihr	Fahrt! (Dirigi!)	Seid (ruhig)! Ficai (calmos)!

⚡ Nos verbos irregulares, o trema é suprimido na 2ª pessoa do singular: du fährst ➡ Fahr! (tu diriges – Dirige!).

Uso

❶ O imperativo é empregado para ordens, conselhos e recomendações, favores e propostas:
Mach die Heizung und das Licht **aus**! (Desligue o aquecedor e a luz!) (ordem)
Geh doch zum Arzt. (Vá ao médico.) (conselho/recomendação)
Bleiben Sie bitte noch ein bisschen! (Fique mais um pouquinho, por favor!) (favor)
❶ Formas verbais usadas no imperativo:
Einsteigen! (Suba!) **Rauchen verboten**! (Proibido fumar!)

11 Infinitivo

☼ O infinitivo é a forma básica e invariável do verbo: kaufen (comprar), gehen (ir), lachen (rir).

ⓘ O infinitivo pode ser empregado ou como puro infinitivo, ou juntamente com a partícula do infinitivo zu.

11.1 Infinitivo puro

O infinitivo puro é usado:
• Após verbos modais:

Ich **kann schwimmen.** (Eu sei nadar.)
Wir **dürfen spielen.** (Os jogos são permitidos./Nós podemos jogar.)

⚡ No perfeito e no mais-que-perfeito, essas orações ficam sempre no infinitivo:
Ich habe **schwimmen können.** (Eu sabia nadar.)

• Após os verbos lassen (deixar), bleiben (ficar/permanecer), lehren (ensinar), lernen (aprender), helfen (ajudar):

Wir **lassen** unsere Wohnung **putzen.** (Temos alguém limpando a nossa casa.)
Plötzlich **blieb** er **stehen.** (De súbito ele parou.)
Die Lehrerin **lehrt** die Kinder **schreiben** und **lesen.** (A professora ensina as crianças a escrever e a ler.)
Die Kinder **lernen schreiben** und **lesen.** (As crianças aprendem a escrever e a ler.)
Wir **helfen** dir **aufräumen.** (Nós ajudamos você a arrumar.)

⚡ No perfeito e no mais-que-perfeito do verbo lassen, usa-se unicamente o infinitivo:
Wir **haben** unsere Wohnung **putzen lassen.** (Tínhamos alguém para limpar a casa.)

Infinitivo

- após determinados verbos de percepção:

Ich höre sie singen. (Eu a ouço cantar.)
Ich sehe sie tanzen. (Eu a vejo dançar.)

ℹ️ Essas construções também são chamadas de acusativo com infinitivo. Trata-se realmente de duas orações que aqui aparecem ligadas:
Ich höre sie. (Eu a ouço.) (sie = objeto). **Sie singt.** (Ela canta.) (sie + sujeito)
→ **Ich höre sie singen.** (Eu a ouço cantar.)
No perfeito e no mais-que-perfeito, nessas construções se usa o infinitivo (por vezes também o particípio II):
Ich habe sie singen hören (Eu a ouvi cantar.) (também: gehört).

- Após alguns verbos de locomoção, sobretudo após o verbo gehen: **A2**

Gehst du schwimmen? – Nein, ich fahre einkaufen. – Dann gehe ich eben alleine spazieren. (Você vai nadar? – Não, eu vou às compras. – Então, melhor eu passear sozinho.)

- Com os verbos helfen, lehren, lernen (ajudar, ensinar, aprender), também pode ser inserida a partícula do infinitivo zu quando o infinitivo vier acompanhado de complementos: **B1**

Wir helfen euch, die Formulare auszufüllen. (Nós os ajudamos a preencher os formulários.)
Wir lehren euch, sparsam mit Energie umzugehen. (Nós os ensinamos a fazer uso econômico da energia.)
Wir lernen, die Sonnenenergie zu nutzen. (Nós aprendemos a fazer uso da energia solar.)

11.2 Infinitivo com zu

O infinitivo com zu é usado em todos os demais casos, sobretudo em:

- verbos ou expressões que manifestem intenção ou opinião:

Ich habe die Absicht, morgen nach München **zu fahren**.
(Tenho a intenção de ir a Munique amanhã.)
Ich hoffe, dort etwas Erholung **zu finden**.
(Espero encontrar lá algum descanso.)

- verbos que expressem as fases de uma ação (início, fim ou transcurso):

Ich fange an, müde **zu werden**. (Começo a me sentir cansado.)
Er hört nicht auf **zu reden**. (Ele não para de falar.)

- verbos semelhantes aos verbos modais scheinen e (nicht) brauchen:

Sie scheint **zu schlafen**. (Ela parece estar dormindo.)
Sie brauchen **nicht zu warten**. (Eles não precisam esperar.)

- verbos auxiliares haben e sein:
  - haben e infinitivo com zu expressam um significado modal ativo:
    Sie hat das ganze Wochenende **zu arbeiten**.
    (Ela tem de trabalhar o fim de semana inteiro.) (= sie muss arbeiten [ela precisa trabalhar])
  - sein mais infinitivo com zu expressa significado passivo e modal:

Sie ist wirklich **zu bedauern**.
(A situação dela é realmente lamentável.) (= é preciso se lamentar por ela)

- o infinitivo com zu é usado também após as conjunções um (zu), ohne (zu), anstatt (zu):
Die meisten Leute arbeiten, **um zu leben**. (A maioria das pessoas trabalha para viver.)
Manche Leute leben, **ohne zu arbeiten**. (Algumas pessoas vivem sem trabalhar.)
Und einige Leute arbeiten, **anstatt zu leben**.
(E algumas pessoas trabalham em vez de viver.)

- o infinitivo com zu pode aparecer também no lugar de uma oração subordinada, sobretudo quando o sujeito da oração principal for também sujeito da subordinada:
Ich freue mich, dass ich Sie wiedersehe. → Ich freue mich, Sie **wiederzusehen**. (Estou alegre porque voltei a vê-lo. → Estou alegre em voltar a vê-lo.)

Olhando de perto 🔍

Imperativo

Formas

O imperativo du é formado como na 2ª pessoa do singular, mas sem o pronome pessoal e sem a desinência de presente do indicativo: du gehst – **Geh!**
O imperativo ihr é formado como na 2ª pessoa do plural, mas sem pronome: ihr geht – **Geht!**
Na forma Sie insere-se primeiramente o verbo e depois o pronome: Sie gehen – **Gehen Sie!**

ℹ️ Juntamente com o imperativo real, podem ser usadas as seguintes formas verbais:

- o infinitivo: Einsteigen! Bitte alle aussteigen! (Embarquem! Desembarquem todos, por favor!)
- o particípio II: Still gestanden! (Fiquem quietos!) Rauchen verboten! (É proibido fumar!)
- 2ª pessoa do singular/do plural: Du gehst voran! (Você vai na frente!) Ihr nehmt bitte den Koffer! (Por favor, apanhe a mala!)
- 1ª pessoa do plural: Lasst uns gehen! (Deixem-nos ir!) Wollen wir mal schauen! (Queremos dar uma olhada!)

Uso

O imperativo é empregado para ordens, conselhos e recomendações, pedidos de favor e propostas:
Mach die Tür zu! (Feche a porta!)
Nimm doch ein heißes Bad. (Tome um banho quente.)
Probieren Sie es bitte einmal aus. (Prove, por favor.)

Olhando de perto

Infinitivo

G O infinitivo é uma forma básica e invariável. Suas desinências são -en, como em sehen, machen (ver, fazer); e -n: handeln, sammeln (agir, reunir).

❶ O infinitivo é empregado como infinitivo puro ou como infinitivo com zu:
Wir müssen heute **arbeiten**. (Hoje precisamos trabalhar.)
Es ist schön, in der Sonne **zu liegen**. (É agradável tomar sol.)

O infinitivo puro é usado, por exemplo:
- após verbos modais: Sie **wollen essen**. (Eles querem comer.)
- após determinados verbos de percepção: Sie **hören** uns **rufen**. (Eles nos ouviram chamar.)
- após os verbos lassen, bleiben, lehren, lernen: Er **lässt** sich die Haare **schneiden**. (Ele cortou o cabelo.)

G No infinitivo com zu, zu é inserido antes do infinitivo: **zu** kaufen (compras). Em verbos com prefixo separável, é inserido entre prefixo e radical do verbo: ein**zu**kaufen (fazer compras).

O infinitivo com zu aplica-se, por exemplo:
- após verbos de intenção e opinião: Ich habe vor, morgen ins Theater **zu gehen**. (Eu pretendo ir ao teatro amanhã.)
- após verbos que expressem o início ou o final de uma ação: Ich beginne mir Sorgen **zu machen**. (Eu começo a me preocupar.)

Olhando de perto

- após os verbos scheinen e (nicht) brauchen: Du **brauchst** nicht **zu warten**. (Você não precisa esperar.)
- após conjunções um (zu), ohne (zu), anstatt (zu): Er nimmt es sich, **ohne zu fragen**. (Ele assumiu a função sem questionar.)
- no lugar de uma oração subordinada, quando o sujeito da oração principal e o da subordinada forem o mesmo:
Er befürchtet, **dass** er in Konkurs **geht**. – Er befürchtet, in Konkurs **zu gehen**. (Ele tem medo de que entre em falência. – Ele tem medo de entrar em falência.)

Die Partizip

12 Particípio

❶ Em alemão, há duas formas de particípio:
- Particípio I (também chamado particípio presente)
- Particípio II (também chamado particípio perfeito)

12.1 Particípio I

Formas

❶ O particípio I é formado quando ao radical do verbo se acrescenta -end: sing**end**, les**end**, trink**end**. (cantando, lendo, bebendo).
⚡ Tem sempre significado ativo.

Uso

O particípio I pode ser empregado conforme segue:

atributivo:	die **singenden** Vögel (o pássaro que canta)
adverbial:	er ging **lachend** davon (ele foi embora rindo)

☼ No uso atributivo, o particípio I declina-se como o adjetivo (▶ 3.4).
Tal como o adjetivo, também os particípios I são substantivados: lesend → der/die Lesende. (que lê → aquele/aquela que lê).

☼ Na ligação com zu, o particípio I adquire acepção passiva e adicionalmente expressa uma modalidade específica (na maioria das vezes, necessidade):

ein **zu befürchtender** Nachteil (= uma desvantagem que deve ser temida)
eine **zu erledigende** Arbeit (= um trabalho que tem de ser feito)

Particípio

A2 12.2 **Particípio II**

Formas

O particípio II é formado mediante as seguintes alterações: o elemento ge- é inserido antes do radical do verbo: ge-macht (feito). Nos verbos fracos (regulares), a terminação -t é acrescentada ao radical do verbo: gemach-t.

⚡ Verbos terminados em -ieren e verbos com prefixos átonos não separáveis não recebem -ge antes do radical: studiert (estudado), telefoniert (telefonado), erklärt (esclarecido).
Nos verbos com prefixos átonos, separáveis, o elemento -ge- é inserido entre prefixo e radical do verbo: auf-ge-wacht (despertado), ein-ge-kauft (comprado).
⚡ Verbos terminados em -d/-t ou em consoantes duplas com -m/-n recebem a terminação -et: geredet (falado), gerechnet (contado).

Verbos fortes conservam a terminação -en. Além disso, alteram o radical do verbo: losgegangen (partir, desatar-se, principiar) (▷ 7.1.2).
◉ No particípio, verbos com o padrão de alternância vocálica 1 – 2 – 1 não apresentam nenhuma alteração no radical do verbo; mesmo assim, trazem a terminação -en:
lesen (ler) – gelesen (lido) (mas: las! [leia!]), rufen (chamar) – gerufen (chamado) (rief! [chame!])

Uso

O particípio II é empregado como verbo em combinação com determinados verbos auxiliares para formar tempos compostos:

Particípio

Perfeito/ Mais-que-perfeito:
Wir haben/hatten **gelesen**.
(Nós lemos/temos lido.)
Sie sind/waren **gekommen**.
(Eles vieram.)

Passivo:
Sie wurden **geliebt**.
(Eles foram amados.)

☼ O particípio II pode ser empregado também como adjetivo, na maioria das vezes atributivo, e é declinado como um adjetivo (▷ 3.4). ⚡ Nesse emprego, o particípio II geralmente assume significado passivo. Mas também pode ser ativo com determinados verbos.

- O particípio passivo II é formado com verbos transitivos (verbos que regem um objeto direto no acusativo):

der geschriebene Text (o texto que foi escrito)
die Geretteten (as pessoas que foram salvas)

- O particípio atributivo II, quando formado por determinados verbos intransitivos (verbos cujo perfeito é formado com sein, sobretudo verbos de movimento e também verbos reflexivos), assume um significado ativo:

der eingefahrene Zug (o trem que partiu)
die angekommenen Gäste (os hóspedes que chegaram)
die verliebte Braut (a noiva que é apaixonada)

⚡ Diferentemente dos particípios I, os particípios ativos II têm significado passado:

der einfahrende Zug (o trem que chega)
der eingefahrene Zug (o trem que partiu)
die ankommenden Gäste (os hóspedes que chegam)
die angekommenen Gäste (os hóspedes que chegaram)

Das Passiv

13 Voz passiva

B2

❶ A voz passiva é empregada quando aquele que realiza a ação não pode ou não deve ser nomeado.
Diferencia-se entre voz passiva de processo e a voz passiva de estado. A construção na voz passiva mais frequente é a voz passiva de processo, formada com werden e o particípio II. A voz passiva de estado é formada com sein e o particípio II.

Formas

A voz passiva de processo no indicativo:

Presente: er/es/sie wird geliebt/gerufen (ele/ela é amado/a; chamado/a)
Pretérito: er/es/sie wurde geliebt/gerufen (ele/ela seria amado/a; chamado/a)
Perfeito: er/es/sie ist geliebt/gerufen worden (ele/ela foi amado/a; chamado/a)
Mais-que-perfeito: er/es/sie war geliebt/gerufen worden (ele/ela fora amado/a; chamado/a)
Futuro I: er/es/sie wird geliebt/gerufen werden (ele/ela será amado/a; chamado/a)
Futuro II: er/es/sie wird geliebt/gerufen worden sein (ele/ela terá sido amado/a; chamado/a)

A voz passiva de processo no subjuntivo:

Subjuntivo I: er/es/sie werde geliebt/gerufen ([que] ele/ela seja amado/a; chamado/a)
Subjuntivo II: er/es/sie würde geliebt/gerufen ([se] ele/ela fosse amado/a; chamado/a)
Subjuntivo I passado: er/es/sie sei geliebt/gerufen worden ([se] ele/ela tivesse sido amado/a; chamado/a)]

Voz passiva

Subjuntivo II passado: er/es/sie wäre geliebt/gerufen worden ([que] ele/ela teria sido amado/a; chamado/a)
Subjuntivo I futuro: er/es/sie werde geliebt/gerufen werden ([se] ele/ela tiver sido amado/a; chamado/a)
Subjuntivo futuro II: er/es/sie würde geliebt/gerufen werden ([que] ele/ela viria a ser amado/a; chamado/a)

Infinitivo presente: geliebt/gerufen werden (ser amado/chamado)
Infinitivo perfeito: geliebt/gerufen worden sein (ter sido amado/chamado)
Particípio I: zu liebend/zu rufend (amando/chamando)
Particípio II: geliebt/gerufen (amado/chamado)
Imperativo: werde (werdet, werden Sie) geliebt! (seja amado)

A voz passiva de estado:

Presente do infinitivo: verzaubert sein (estar encantado)
Perfeito do infinitivo: verzaubert gewesen sein (tenha sido encantado)
Particípio II: verzaubert (gewesen) (encantado [sido])
Imperativo: sei (seid, seien Sie) verzaubert! (seja encantado!)

☼ O mais usado é a voz passiva de estado no presente e no pretérito.

Uso

❶ A voz passiva de processo descreve uma ação ou um processo específico:
Die Türen des Museums **werden geschlossen**. (As portas do museu serão fechadas.)
Die Lichter werden **gelöscht**. (As luzes serão apagadas.)

Voz passiva

→ A voz passiva de processo é mais usada na língua escrita do que na oral. Frequentemente é empregada em textos científicos, artigos de jornal, descrições de processos numa atividade, de regras e regulamentos, pois, nesses textos, não importa quem realizou a ação.

Entretanto, se for necessário mencionar aquele que executa a ação, este é indicado com a preposição von + dativo:
Die Türen des Museums werden **vom Wächter** geschlossen. (As portas do museu serão fechadas pelo vigia.)

A voz passiva de estado descreve um estado que é resultado de um processo:
Die Türen des Museums **sind geschlossen**. (As portas do museu são fechadas.)
Die Lichter **sind gelöscht.** (As luzes são apagadas.)

Auf einen Blick

Olhando de perto 🔍

Particípio

Em alemão, diferencia-se entre o particípio I e o particípio II.

Particípio I
G O particípio I é formado com o radical do verbo e o sufixo -end: schlafend (dormindo), laufend (caminhando), weinend (chorando).

💡 O particípio I pode ser empregado de modo atributivo ou adverbial. O atributivo é declinado tal como um adjetivo:
Er tröstete das **weinende** Kind. (Ele confortou a criança que chorava.) (atributivo)
Sie saß **rauchend** am Tisch. (Ela sentou à mesa fumando.) (adverbial)

Particípio II
G O particípio II se forma quando, antes do radical do verbo, insere-se o prefixo ge-. Os verbos fracos recebem o sufixo -t (kaufen – **gekauft** [comprar – comprado]), e os verbos fortes, o sufixo -en. Além disso, altera-se o radical do verbo (nehmen – **genommen** [pegar – pegado]).

⚡ Em verbos terminados em -ieren e verbos com prefixos que podem ser separados, não se emprega o prefixo ge-: telefonieren – **telefoniert** (telefonar – telefonado), bedauern – **bedauert** (lamentar – lamentado).

O particípio II é usado juntamente com os verbos auxiliares haben, sein e werden para a formação do perfeito, do mais-que-perfeito, do futuro II e da voz passiva.
O particípio II pode também ser empregado de forma atributiva:
das **gelesene** Buch (= das Buch, das gelesen wurde) (o livro que foi lido)

Voz passiva

G Na voz passiva, quem executa a ação não é nomeado. Ele não é conhecido, não deve ou não pode ser nomeado ou é evidente.

Formas

Diferencia-se entre a voz passiva de processo e a voz passiva de estado. A voz passiva de processo é formada com werden mais o particípio II, e a voz passiva de estado, com sein mais o particípio II. A voz passiva de processo pode ser formada em todos os tempos e modos.

⚡ No perfeito, no mais-que-perfeito e futuro II, o particípio II de werden aparece como no subjuntivo II do passado:
Er ist gefasst worden. (Ele foi pego.)
A voz passiva de estado é mais usada no presente e no pretérito:
Die Bäckerei **ist** bis 18 Uhr **geöffnet**. (A padaria fica aberta até às 18h.)
Die Arztpraxis **war** gestern nicht **geöffnet**. (O consultório do médico não esteve aberto ontem.)

Uso

A voz passiva de processo é empregada quando se descreve um determinado processo ou uma ação:
Das Auto **wurde** am Morgen **abgeschleppt**. (O carro foi rebocado pela manhã.)
Seine Frau **wird** gerade **benachrichtigt**. (Sua mulher está sendo notificada.)

➡ A voz passiva de processo é mais empregada na língua escrita do que na oral.
A voz passiva de estado é empregada quando se descreve o resultado de uma ação passada:
Der Strom **ist** wieder **eingeschaltet**. (A corrente foi ligada novamente.)

Die Konjunktion

14 Conjunção A1

14.1 Conjunção coordenativa A1

☼ Conjunções coordenativas ligam palavras, grupos de palavras, orações principais ou orações auxiliares de mesmo tipo:
Ich will Musik hören, **aber** plötzlich klingelt das Telefon.
(Eu quero ouvir música, mas de repente toca o telefone.)

ℹ Conjunções coordenativas podem ocupar qualquer posição na oração. Sendo assim, após a conjunção, seguem-se outros termos da oração, e então o verbo finito. Com "outros termos" entenda-se o sujeito ou uma informação contextual – por exemplo, a indicação de tempo (▷ 16.1):
Er geht nach Hause, **aber** sie **bleibt** noch ein wenig.
(Ele vai para casa, mas ela fica mais um pouco.)
Er kommt nach Hause **und** um 18 Uhr **macht** er das Abendessen. (Ele vem para casa e prepara o jantar às 18h.)

As conjunções têm significados diferentes:

Coordenativa	und, auch (e, também) B2 nicht nur ... sondern auch (não só ... mas também) B2 sowohl ... als auch (tanto ... como)
Disjuntiva	oder (ou), B2 entweder ... oder (ou... ou)
Causal	denn (pois)
Adversativa	aber (mas), B1 doch (porém, no entanto), B2 sondern (mas sim, senão, antes, ao contrário)
Concessiva	B2 zwar ... aber (é verdade... mas)

A2   14.2   Conjunção subordinativa

☼ Na maioria das vezes, essas conjunções são hoje chamadas de subordinadoras. Elas introduzem orações subordinadas e atuam de modo que o verbo finito fique ao final da oração.

Die Wege sind schlecht, **weil** es den ganzen Tag **geregnet hat**. (As estradas estão ruins, pois choveu o dia inteiro.)

Significados das conjunções subordinativas:

Temporal	wenn (se), B1 als (como), B1 während (enquanto), B1 bis (até), B1 seit (desde), B1 seitdem (desde então), B1 nachdem (depois de), B1 bevor (antes de), B2 solange (enquanto, até que), B2 ehe (antes que), B2 sooft (sempre que)
Causal	weil (porque), da (uma vez que, pois)
Adversativa	B2 während (enquanto), B2 wogegen (contra o que, a troco de que)
Concessiva	B1 obwohl (ainda que), B2 obgleich (embora, apesar de que), B2 obschon (apesar de), B2 wenngleich (ainda que), B2 wenn ... auch (mesmo que)
Consecutiva	B2 sodass (de modo a), B2 so ... dass (de modo que)
Final	dass (que), damit (para que), um ... zu (para)
Condicional	wenn (se), falls (caso), B2 sofern (à medida que), B2 vorausgesetzt (supondo que), dass (que), B2 im Falle, dass (no caso de)

Conjunção

Modal/ Instrumental	**B2** wobei (em que), **B2** indem (em que), **B2** dadurch (desse modo), dass (uma vez que), **B2** wodurch (pelo que) **B2** womit (com que)
Comparativa	wie (como), als (como, enquanto) als ob (como se), **B1** je ... desto/umso (quanto mais... mais)
Função preponderantemente gramatical	dass (quanto mais ... tanto mais/ tanto que), **B1** ob (se), **B2** wer (quem), **B2** was (o que), **B2** wie ... (como) (oração interrogativa indireta)

❶ Orações subordinadas podem assumir diferentes funções sintáticas em relação à oração principal:
- Adverbial:
  Ich komme, weil ich eine wichtige B1 Nachricht für Sie habe. (Venho porque tenho uma notícia importante para você/o senhor/a senhora.)
- Sujeito ou objeto:
  Dass Sie zu Hause sind, ist gut. (É bom que você/o senhor/a senhora esteja em casa.)
  Ich muss Ihnen leider sagen, dass Ihre Mutter einen Unfall hatte. (Infelizmente tenho de lhe contar que sua mãe sofreu um acidente.)
  B1 Ich weiß nicht, ob man sie schon besuchen kann. (Não sei se já é possível visitá-la.)

Os pronomes interrogativos wer, was, wann etc. podem introduzir as chamadas orações interrogativas indiretas (▷ 16.3):
Ich weiß nicht, wer er ist/was er will/wann er geht. (Eu não sei quem ele é/o que ele quer/quando ele vai.)

A2 14.3 **Advérbios conjuncionais**

ⓘ Outro grupo de palavras que igualmente podem assumir a ligação entre duas orações é o dos chamados advérbios conjuncionais. A diferença entre eles e as conjunções é, sobretudo, de ordem sintática. ☼ Nos advérbios conjuncionais, o advérbio sozinho ocupa a posição inicial, razão pela qual vem imediatamente após o verbo finito:

Er geht nach Hause, **später liest** er noch ein Buch. (Ele vai para casa e mais tarde vai ler um livro.)
Er kommt nach Hause, **da klingelt** das Telefon laut. (Ele vai para casa, então toca o telefone.)

Significados dos advérbios conjuncionais:

Coordenativos	**B1** außerdem (além do mais), **B2** zudem (além disso, aliás), **B2** dazu (além disso), **B2** ferner (além disso), **B2** schließlich (por fim), **B2** weder ... noch (nem ... nem)
Temporais	danach (em seguida), dann (então), später (mais tarde), **B1** inzwischen (entretanto), **B2** unterdessen (entretanto), (enquanto isso), **B1** seitdem (desde então, a partir daí), **B2** darauf (sobre, depois), **B1** vorher (antes, previamente), **B1** davor (antes, anteriormente), **B2** zuvor (antes, previamente), **B2** kaum (mal)
Causais	nämlich (é que, pois, a saber)

Conjunção

Adversativos	**B1** allerdings (entretanto), **B2** jedoch (porém, no en-tanto), **B2** dagegen (ao contrário), **B2** einerseits ... andererseits (por um lado ... por outro lado)
Concessivos	**B1** trotzdem (não obstante, apesar disso), **B2** dennoch (mas, contudo)
Consecutivos	**B1** also (então), **B2** daher (por isso) **B1** darum (por isso), **B1** deshalb (por isso), **B1** deswegen (por isso, assim), **B2** folglich (portanto, consequentemente), **B2** somit (assim, portanto)
Finais	**B2** dazu (além disso), **B2** dafür (para isso)
Condicionais	sonst (senão), **B2** andernfalls (caso contrário)
Modais/Instrumentais	damit (assim), **B2** dadurch (por isso), **B2** dabei (junto, perto), **B2** so (tão, desse modo)

Olhando de perto 🔍

Conjunção

G Conjunções são palavras invariáveis que ligam palavras, orações e partes de oração.

Conjunções coordenativas
As conjunções coordenativas ligam palavras e grupos de palavras com a mesma função e ligam também orações principais às subordinadas. Ocupam qualquer posição na oração e apresentam significados diferentes:
Wir können ins Theater gehen **oder** du **gehst** alleine zum Fußball. (Nós podemos ir ao teatro ou você pode ir sozinho ao futebol.)
Sie fährt immer mit dem Zug, **denn** sie **hat** keinen Führerschein. (Ela sempre viaja de trem, pois não tem carteira de motorista.)
Er hat **nicht nur** eine neue Frisur, **sondern** er **hat** sich **auch** seinen Bart abrasiert. (Ele não apenas está com um novo corte de cabelo, como também tirou a barba.)
Outras conjunções coordenativas são, por exemplo, und, auch, nicht nur … sondern auch, aber e doch.

Conjunções subordinativas
☼ As conjunções subordinativas introduzem orações subordinadas. O verbo finito posiciona-se sempre ao final da oração subordinada:
Er kann nicht kommen, **weil** seine Frau im Krankenhaus **liegt**. (Ele não veio, pois sua mulher está no hospital.)

> **Olhando de perto**

Du kannst bei mir übernachten, **falls** du kein Hotelzimmer mehr **bekommst**. (Você pode dormir aqui, caso não consiga um quarto de hotel.)
Sie hat kaum noch Zeit für ihre Hobbys, **seitdem** sie wieder **arbeitet**. (Desde que voltou a trabalhar, ela quase não tem tempo para seus hobbies.)

As conjunções subordinativas apresentam, por exemplo, os seguintes significados:
- temporal: wenn, als, bis, seitdem, nachdem, bevor
- causal: da, weil
- concessivo: obwohl, wenngleich, wenn ... auch
- final: dass, damit, um ... zu
- condicional: wenn, falls, sofern, im Falle, dass
- modal/instrumental: wobei, indem e womit

❶ Com pronomes interrogativos (wer, wann, was etc.) são introduzidas orações interrogativas indiretas:
Ich möchte wissen, **wer** mir das angetan **hat**.
(Eu gostaria de saber quem fez isso comigo.)
Können Sie mir sagen, **wo** ich Terminal 4 **finde**?
(Você poderia me dizer onde fica o terminal 4?)
Wissen Sie, **warum** heute gestreikt **wird**? (O senhor/A senhora sabe por que estão em greve hoje?)

Advérbios conjuncionais

Também os advérbios conjuncionais podem ligar duas orações. Eles se diferenciam sintaticamente das conjunções.

☼ Nos advérbios conjuncionais, o advérbio assume a posição antecedente. Segue-se a ele o verbo finito. Es ist spät, **darum gehe** ich. (É tarde, por isso vou embora).

Olhando de perto

Os advérbios conjuncionais mais frequentes são:
- coordenativo: außerdem, ferner, dazu, schließlich
- temporal: danach, dann, später, inzwischen, vorher
- adversativo: allerdings, jedoch, dagegen
- concessivo: trotzdem, dennoch
- consecutivo: also, daher, darum, deshalb, folglich
- final: dazu, dafür
- modal/instrumental: damit, dadurch, dabei e so

Der Satz

15 Oração A1

❶ As partes da oração, formadas por palavras ou grupos de palavras, diferenciam-se segundo a sua função.

15.1 Predicado A1

☼ O predicado consiste no verbo finito e pode equivaler também a outros componentes do verbo:

> Er **singt** das Lied. (Ele canta a canção.)
> A2 Er **will** das Lied **singen**. (Ele quer cantar a canção.)
> Er **ist** B1 **musikalisch**. (Ele é musical.)
> Er **wird Musiker**. (Ele vai ser músico.)

Em predicados com os verbos de ligação sein, werden e bleiben, as partes não verbais da oração (musikalisch, Musiker) são chamadas de "predicativo".

15.2 Sujeito A1

☼ Todo verbo tem um sujeito. O sujeito é formado pelo caso gramatical nominativo e responde a perguntas com "wer?" ou "was?". O sujeito é também chamado de "complemento nominativo".

> **Der Mann** hat Tomaten und Käse gekauft.
> (O homem comprou tomates e queijo.)
> **Er** möchte einen Salat machen. (Ele gostaria de fazer uma salada.)

15.3 **Objeto**

☼ Os objetos, como também os complementos, são determinados pelo verbo. ⚡ Todo e qualquer verbo exige objetos específicos:
• Objeto acusativo (responde à pergunta com "wen?" ou "was?"):

> Herr Meier sucht **einen Kollegen.**
> (O senhor Meier está procurando um colega.)
> Er kann **ihn** nicht finden. (Ele não consegue encontrá-lo.)

• Objeto indireto no dativo (responde à pergunta "wem?"):

> Der Assistent hilft **dem Regisseur**
> (O assistente ajuda o diretor artístico.)
> Die Sänger können **ihm** manchmal Tipps geben.
> (Os cantores podem por vezes lhe dar algumas dicas.)

☼ Na maioria dos casos, o objeto indireto caracteriza pessoas às quais uma ação se orienta ou a elas se referem.

• Objeto preposicional:
☼ Alguns verbos alemães regem uma preposição fixa, que determina o caso gramatical do substantivo:

> Der Mann **wartet auf** den Bus/darauf. (O homem espera pelo ônibus.) („Worauf?" → acusativo)
> Wir **sprechen über** unseren Ausflug/darüber. (Nós falamos sobre o nosso voo.) („Worüber?" → acusativo)

Oração

Der Chef **denkt an** seine Mitarbeiter/an sie. (O chefe pensa em seu funcionário/nela.) („An wen?" → acusativo)
Er **lädt** sie **zu** seiner Party/dazu **ein**. (Ele a convida para a sua festa.) („Wozu?" → dativo)

☼ Interroga-se por objetos preposicionais, isto é, ao se perguntar por pessoas, usando-se preposições ou pronomes interrogativos („auf wen?" [por quem?], „an wen?" [a quem?], „mit wem?" [com quem?]). Ao se perguntar por coisas, usa-se wo(r)- e a preposição correspondente („worauf?" [em quê?/a quê?], „worüber?" [de quê?/sobre quê?], „woran?" [em quê?/de quê?]).

! As preposições individuais são ligadas permanentemente aos verbos, e o melhor a fazer é aprendê-los sempre juntos.

- Objeto genitivo:

B2

☼ O objeto genitivo aparece apenas após alguns poucos verbos. Em muitos casos ele é substituído por objetos preposicionais. A pergunta pelo objeto genitivo é „wessen"? (de quem?).

Die Inszenierung bedarf **längerer Erklärungen**.
(A encenação precisava de mais iluminação.)
Der Autor wurde **des Plagiats** verdächtigt.
(Houve suspeita de plágio sobre o autor.)
Er konnte **dessen** aber nicht überführt werden.
(Mas por isso ele não podia ser condenado.)

15.4 Advérbio

☼ Um advérbio, bem como um complemento adverbial, não é usado como verbo e, portanto, pode ser colocado livremente em toda e qualquer sentença. ❶ Os advérbios indicam as circunstâncias mais precisas de espaço, tempo, causas, modo e outras especificações.

Sie singt **schön.** (Ela canta bem.) (adjetivo como advérbio, especificação de modo)
Sie singt **hier**. (Ela canta aqui.) (advérbio como advérbio, especificação de lugar)
Sie singt **in der Badewanne.** (Ela canta na banheira.) (locução adverbial fazendo as vezes de advérbio, especificação de lugar)
Sie singt, **weil sie glücklich ist.** (Ela canta porque está feliz.) (oração subordinada como advérbio, especificação de causa)

15.5 Atributo

O componente mais importante além do predicado é o atributo. ☼ Um atributo é uma especificação mais precisa, determinando sobretudo substantivos.
Pela posição é possível distinguir atributos à esquerda dos atributos à direita:
- Atributos à esquerda são inseridos *antes* do substantivo: Adjetivo/particípio, ampliações do adjetivo/particípio, genitivo anteposto (com -s).
- Atributos à direita são inseridos *após* o substantivo: genitivo, grupo preposicional, oração relativa e combinação desses itens.

Oração

Artigo	Atributo à esquerda	Substantivo	Atributo à direita
das	kleine	Haus	
(A pequena casa.)			
das	an der Straße gelegene	Haus	
(A pequena casa junto à rua.)			
	Lisas	Haus	
(A casa de Lisa.)			
das		Haus	auf dem Lande
(A casa de campo.)			
das		Haus	der Großeltern
(A casa dos avós.)			
das		Haus	das sie bauten
(A casa que eles construíram.)			

15.6 Valência dos verbos

A2

❶ A maior parte dos componentes de oração, todos os objetos e também o sujeito dependem do verbo. São caracterizados também como complementos do verbo. Dá-se o nome de "valência" verbal ao gênero e número dos complementos exigidos por determinado verbo. De modo geral, o padrão de valência mais importante é o seguinte:

Existem verbos
- que podem ter apenas um sujeito:
  Sie lacht. (Ela ri.)
- que podem ter um sujeito e um objeto no acusativo:
  Sie liest den Brief. (Ela lê a carta.)

- que podem ter um sujeito e um objeto no dativo.
  Sie dankt ihm. (Ela o agradece.)
- que podem ter um sujeito, um objeto no acusativo e um objeto no dativo.
  Sie gibt ihrem Freund den Brief. (Ela dá a carta ao amigo.)
- que podem ter um sujeito e um objeto preposicionado no acusativo:
  Sie wartet auf ihn. (Ela espera por ele.)
- que podem ter um sujeito, um objeto no acusativo e um objeto preposicionado no acusativo:
  Sie schreibt eine Karte an ihre Mutter. (Ela escreve um cartão para a sua mãe.)

Die Wortstellung im Satz

16 Posição dos termos na oração

16.1 Posições individuais

☼ Numa oração em alemão, estão representados pelo menos o campo do verbo finito e a posição intermediária. Além disso, a maior parte das orações apresenta um campo inicial e um verbo infinito no final. Em algumas orações há uma posição após o verbo no infinitivo.

Posição inicial	Verbo finito	Posição intermediária	Verbo infinitivo	Posição final
Er	kann	genauso gut	schwimmen	wie sie.

(Ele sabe nadar tão bem quanto ela.)

16.1.1 Posição inicial

☼ Na posição inicial, portanto, a primeira posição da oração, tem-se um componente da oração que pode consistir de várias palavras. Os componentes de oração mais frequentes na posição inicial são:
- o sujeito: er/der Mann
- elementos de ligação de texto, por exemplo, advérbios conjuncionais: deshalb, dann etc. (▷ 14)
- informações contextuais, como indicações temporais, causais, modais e locais, que respondem às perguntas "quando?", "por quê?" e "como?". Também podem assumir a forma de uma oração subordinada: am Abend (wann? (à noite [quando?]), weil er verliebt ist (warum? por que ele está apaixonado [por quê?]), am Strand (wo? na praia [onde?]).

Posição dos termos na oração

Posição inicial	Verbo finito	Posição intermediária	Verbo no infinitivo
Er	schenkt	ihr Rosen.	
(Ele lhe presenteia rosas.)			
Weil er verliebt ist,	will	er sie	heiraten.
(Uma vez que está apaixonado, ele quer se casar com ela.)			
Am Abend	essen	sie im Restaurant.	
(À noite, eles vão comer em um restaurante.)			
Am Strand	fragt	er sie.	
(Na praia, ele pergunta a ela.)			

16.1.2 Posição intermediária

A sequência dos elementos na posição intermediária não é estabelecida de maneira fixa. É possível indicar apenas algumas tendências.

☼ O mais importante é inserido ao final da oração, o conhecido é inserido antes do novo, e elementos curtos são inseridos antes de elementos mais longos.

Exemplo	Explicação
Er gab der Frau die Rose. (Ele deu a rosa à mulher.)	Substantivo: geralmente o dativo antes do acusativo.
Er gab der Frau eine Rose. (Ele deu à mulher uma rosa.)	O conhecido antes do novo.
Er gab die Rose einer Frau. (Ele deu a rosa a uma mulher.)	O conhecido antes do novo.
Schließlich gab er ihr die Rose. (Por fim ele deu a ela a rosa.) Er gab sie ihr. (Ele a deu a ela.)	Pronome antes do substantivo (ou: o breve antes do longo!), e em caso de dois pronomes: acusativo antes do dativo.

Posição dos termos na oração

Exemplo	Explicação
Dann bat **er die Frau um eine Antwort**. (Então, pediu à mulher uma resposta.) Sie gingen **dann schnell zum Standesamt**. (Então, eles foram rapidamente ao cartório.)	Substantivo/Pronome antes de objeto preposicionado (ou o breve antes do longo). Em complementos adverbiais: temporal antes de modal, antes de local/direcional.

16.1.3 Posição final

B1

☼ Na posição final se encontram elementos abrangentes do enunciado, sobretudo orações subordinadas, mas também informações complementares com a função de especificação:

Er hat sie schließlich gefragt, **weil er nicht mehr warten wollte.** (Ele por fim perguntou, pois não queria esperar mais.) (oração subordinada)
Er wollte von ihr wissen, **wie sie sich entschieden hat.** (Ele queria saber dela o que ela havia decidido.) (oração subordinada)
Er hat ihr die Rosen gegeben, **fünfzig rote Rosen**. (Ele deu as rosas a ela, cinquenta rosas vermelhas.) (especificação)
Die Frau hat mehr Geld **als er.** (A mulher tem mais dinheiro do que ele.) (comparação, pela qual se compara com als e wie)
Er hat genauso viel Geld **wie sie.** (Ele tem tanto dinheiro quanto ela.)

16.2 Oração afirmativa

A oração afirmativa apresenta o seguinte esquema básico:

Posição inicial	Verbo finito	Posição Intermediária	Verbo no infinitivo
Die Frau	geht	gerne ins Kino.	
(A mulher gosta de ir ao cinema.)			
Der Mann	hat	gestern ein Auto	gekauft.
(Ontem, o homem comprou um carro.)			
Am Abend	bereitet	er das Essen	vor.
(À noite, ele prepara a comida.)			

☀ Em orações afirmativas, a posição inicial está sempre preenchida, e o verbo finito é inserido na segunda posição da oração.

☀ Numa oração, há tanto um verbo finito como um verbo infinito, e ambas as partes do verbo compõem uma estrutura descontínua na oração. O verbo infinitivo é inserido no final da oração afirmativa. Uma estrutura descontínua na oração é composta de:
- verbos separáveis
- formas temporais (perfeito, mais-que-perfeito, futuro I e II)
- ser + predicativo
- verbo na voz passiva
- subjuntivo II da forma würde

Posição inicial	Verbo finito	Posição intermediária	Verbo no infinitivo
Am Abend	bereitet	er für sie das Essen	vor. (verbo separável)
(À noite, ele prepara a comida para ela.)			
Sie	muss	jetzt die Hausaufgaben	machen. (verbo modal + infinitivo)
(Agora ela tem de fazer os deveres de casa.)			

Posição dos termos na oração

Posição inicial	Verbo finito	Posição intermediária	Verbo no infinitivo
Der Mann	hat	ein Auto	gekauft. (perfeito)

(O homem comprou um carro.)

Die Rosen	sind	jetzt	rot. (sein + predicativo)

(Agora as rosas estão vermelhas.)

Hier	wird	ein Einkaufszentrum	gebaut. (passivo)

(Aqui vai ser construído um shopping center.)

Frau Braun	würde	gerne mal nach Australien	fliegen. (subjuntivo II)

(A sra. Braun gostaria de um dia ir à Austrália.)

⚡ Quando o verbo consistir em mais de duas partes, o verbo finito virá sempre na segunda posição, enquanto as outras partes ficarão na posição intermediária.

Posição inicial	Verbo finito	Posição intermediária	Verbo no infinitivo
Er	hatte	ihr Rosen	mitbringen wollen.

(Ele queria levar as rosas para ela.)

Der Antrag	konnte	schließlich	angenommen werden.

(O requerimento pôde enfim ser aceito.)

Beinahe	hätte	der Antrag nicht	angenommen werden können.

(Por pouco o requerimento não teria podido ser aceito.)

> Posição dos termos na oração

A2 ☼ Na oração subordinada, o verbo finito é inserido sempre na última posição:

Oração principal	Oração subordinada
Ich **brauche** Handschuhe,	wenn es so kalt **ist**.
(Eu preciso de luvas se estiver muito frio.)	
Er **geht** zum Arzt,	weil er Schmerzen **hat**.
(Ela vai ao médico porque sente dor.)	

B2 ⚡ No entanto, se o verbo consistir em três ou mais partes, nos tempos compostos, o verbo finito *não* é inserido no final:

Ich habe gehört,	dass	er ihr Rosen	**hat** mitbringen wollen.
(Eu ouvi dizer	dass	der Antrag	**hätte** angenomme werden können.
	que ele queria levar as rosas para ela.)		
	que ele teria podido aceitar o requerimento.)		

A1 ### 16.3 Oração interrogativa

ⓘ Em alemão, diferencia-se entre dois tipos de orações interrogativas.
- As interrogações com w ou interrogações de complementaridade iniciam-se com um pronome interrogativo (**wer**, **wie**, **warum** etc.) na posição inicial.
- Interrogações de caráter verbal ou sobre decisão se iniciam com um verbo. Também se caracterizam como interrogações ja/nein. A posição inicial não é ocupada.

Posição inicial	Verbo finito	Posição intermediária	Verbo no infinitivo
Warum	kannst	du so gut	schwimmen?
(Como você consegue nadar tão bem?)			
	Kannst	du gut	schwimmen?
(Você sabe nadar bem?)			

Posição dos termos na oração

☼ Também em orações interrogativas indiretas diferencia-se entre interrogações de complementariedade e interrogações de decisão, que se encontram na oração subordinada:

Oração de introdução	Oração subordinada
Ich wüsste gern	**wann** der nächste Zug nach Berlin abfährt.

(Eu gostaria de saber quando parte o próximo trem para Berlim.)

Könnten Sie mir sagen,	**ob** heute noch ein Zug nach Berlin fährt?

(O senhor/A senhora poderia me dizer se hoje ainda sai algum trem para Berlim?)

☼ Em interrogações de complementariedade indireta, o pronome interrogativo se converte em conjunção. Já nas interrogações de decisão, emprega-se a conjunção ob.

❶ As orações interrogativas indiretas são mais corteses do que as interrogações diretas. Para enfatizar polidez, na oração introdutória frequentemente se emprega o subjuntivo II.
Com interrogações indiretas também é possível reproduzir perguntas de outras pessoas. ➥ Na linguagem escrita, na oração subordinada, deve-se inserir o subjuntivo I ou, como alternativa, o subjuntivo II (▶ ⑱):
Sie fragte, ob er heute früher nach Hause **komme**.
(Ela perguntou se ele viria hoje mais cedo pra casa.)
Er wollte wissen, wann wir Martha **besuchen würden**.
(Ele queria saber quando nós visitaríamos Martha.)

Olhando de perto

Oração

Uma oração em alemão consiste de pelo menos um predicado e um sujeito: Er schläft. (Ele dorme.)

Predicado
O predicado consiste pelo menos no verbo finito, podendo conter outros componentes: Er **kann surfen**. (Ele sabe surfar.) Sie **hat** schnell **gegessen**. (Ela comeu rapidamente.) Er **ist egoistisch**. (Ele é egoísta.)

Sujeito
☼ O sujeito vai estar sempre no nominativo, e responde às perguntas wer? ou was?: **Der Mann** kauft nichts. **Er** schaut nur. (O homem não compra nada. Ele apenas observa.)

Objeto
Cada verbo rege um número de objetos necessários para uma oração completa. Além do nominativo, um verbo pode exigir os seguintes objetos:
- Objeto no acusativo: Sie isst **einen Salat**. (Ela come uma salada.)
- Objeto no dativo: Die Mannschaft dankt **ihren Fans**. (A equipe agradece aos fãs.)
- Objeto no acusativo preposicional: Er freut sich **über den Besuch**. (Ele se alegra com a visita.)
- Objeto genitivo: Er wird **des Diebstahls** verdächtigt. (Ele é suspeito de roubo.)

> **Olhando de perto**

Advérbio
Os advérbios indicam, por exemplo, circunstâncias temporais, locais, causais ou modais: Sie hat **heute** keine Zeit. (Hoje ela não tem tempo.)

Atributo
Um atributo é uma especificação mais detalhada, sobretudo de substantivos: das **kleine** Kind (a criança pequena), der Hut **meines Vaters** (o chapéu de meu pai).

Posição dos termos na oração

G Na oração em alemão, são preenchidos pelo menos as posições do verbo finito e intermediária: Sei ruhig! (Fique quieto!). O verbo finito é inserido após a posição inicial: Er **geht** nach Hause. (Ele vai para casa). Um verbo no infinitivo pode vir após a posição intermediária: Er **will** nicht nach Hause **gehen**. (Ele não quer ir para casa.)

Posição inicial
A posição inicial é a primeira na oração. Ali se encontram frequentemente:
- o sujeito: er/der Detektiv (ele/o detetive)
- advérbios conjuncionais: deshalb (por isso), dann (então) etc.
- advérbios: am Morgen (pela manhã), im Büro (no escritório), weil er krank ist (porque ele está doente) etc.

Posição intermediária
Não existem regras fixas para a sequência dos elementos na posição intermediária, apenas tendências.
☼ O mais importante é inserido ao final da oração; o conhecido, antes do novo; e elementos mais breves, antes de elementos mais longos.

149

Posição final

Na posição final encontram-se, na maioria das vezes, orações subordinadas ou informações adicionais contendo especificação: Er friert, **weil er krank ist.** (Ele sente frio porque está doente.)

Ich mache viel Sport, **vor allem am Wochenende.** (Eu pratico bastante esporte, sobretudo aos finais de semana.)

Oração afirmativa e oração interrogativa

☼ Em orações afirmativas, a posição inicial é sempre ocupada, e o verbo finito aparece na segunda posição. Em interrogações iniciadas por w, o pronome interrogativo é inserido na posição inicial (wer, wo, wann etc.). Em interrogações verbais, a posição inicial não é ocupada. A pergunta se inicia com o verbo finito: **Gehst** du nicht mit? (Você não vai junto?).

Die Verneinung

17) Negação

A1

☀ Em alemão, orações inteiras ou componentes individuais de oração são negados com nicht.
Se a oração inteira for negada, o nicht deve ser inserido tanto quanto possível ao final da posição intermediária.

Posição inicial	Verbo finito	Posição intermediária	Verbo no infinitivo
Er	liest	das Buch **nicht**.	
(Ele não lê o livro.)			
Er	hat	das Buch **nicht**	gelesen.
(Ele não leu o livro.)			

Caso se negue um elemento individual da oração, o nicht será inserido diretamente antes do elemento da oração a ser negado, que será enfatizado.

B1

Er hat seiner Tochter gestern Abend die Geschichte erzählt.
Nicht er hat seiner Tochter gestern Abend die Geschichte erzählt. (Sondern seine Frau) (Não foi ele quem contou história à filha ontem à noite.) (Mas sua mulher)
Er hat **nicht seiner Tochter** gestern Abend die Geschichte erzählt. (Sondern seinem Sohn) (Ele não contou história à filha ontem à noite.) (Mas seu filho)
Er hat seiner Tochter **nicht gestern Abend** die Geschichte erzählt. (Sondern erst heute) (Ele não contou história à filha ontem à noite.) (Mas apenas hoje)

151

Negação

❶ Em alemão, a forma negativa se estende também a artigos, pronomes e advérbios:

der/die/das → kein/keine/kein
ein/eine/ein(s) → kein/keine/kein(s)
alles, etwas → nichts
(irgend) jemand → niemand, keiner
irgendwo, überall → nirgendwo, nirgends
immer → niemals, nie
schon → noch nicht, noch nie

Die indirekte Rede

18) Discurso indireto   B2

ℹ️ No discurso indireto, o falante reproduz nitidamente um enunciado de outro falante, por exemplo, com verbos como sagen, fragen, dass e o subjuntivo. ⚡ Hoje em dia, os subjuntivos I e II e a forma würde têm o mesmo significado no discurso indireto.

As diferentes formas subjuntivas dividem-se como segue (as formas do subjuntivo I são formas plenas):

	sein	haben	Verbos modais	Verbos fortes	Verbos fracos
ich (eu)	sei (seria)	hätte (teria)	dürfe (poderia)	käme (viria)	würde lieben (amaria)
du (tu)	sei(e)st (serias)	hättest (terias)	dürftest (poderias)	kämest (virias)	würdest lieben (amarias)
er/es/sie (ele/ela)	sei (seria)	habe (teria)	dürfe (poderia)	komme (viria)	liebe (amaria)
wir (nós)	seien (seríamos)	hätten (teríamos)	dürften (poderíamos)	kämen (viríamos)	würden lieben (amaríamos)
ihr (vós)	sei(e)t (seríeis)	hättet (teríeis)	dürftet (poderíeis)	käm(e)t (viríeis)	würdet lieben (amaríeis)
sie/Sie (eles)	seien (seriam)	hätten (teriam)	dürften (poderiam)	kämen (viriam)	würden lieben (amariam)

Discurso indireto

As formas do subjuntivo I são hoje raramente empregadas. Na maior parte dos casos, usa-se o subjuntivo II. Assim, o subjuntivo sintético aparece apenas com haben nos verbos modais e em alguns verbos fortes frequentes. Em todos os outros casos, emprega-se a forma würde, uma vez que os verbos fracos têm a mesma forma no indicativo do pretérito e no subjuntivo II.

No passado, o verbo auxiliar haben ou sein é usado no subjuntivo (na maioria das vezes no subjuntivo II) (man habe sich getroffen/wir hätten uns getroffen/er sei gegangen/er wäre gegangen [a gente se encontrou/a gente tinha se encontrado/ele foi/ele tinha ido]).

Testes

1 Artigo
Complete com artigos determinado, indeterminado ou com artigo nenhum: eine (2x), die, ein, einen, der, – (2x), das

a. Herr Klein liebt .... Bild von Mona Lisa.

b. Michael hat .... Schwester und .... Bruder.

c. Sein Vater ist .... Polizist von Beruf.

d. Ich möchte .... Tasse Kaffee trinken, aber

   .... Kaffee ist kalt.

e. Meine Freundin fliegt heute in .... Türkei.

f. Wir brauchen noch .... Tomaten und ....

   Stück Käse.

2 Substantivo
Qual o plural dos substantivos a seguir?

a. der Tisch ....

b. die Katze ....

c. das Auto ....

d. die Schülerin ....

e. der Vater ....

f. das Handtuch ....

g. der Koffer ....

h. die Uhr ....

A1 ❸ **Adjetivo**

Insira os adjetivos e, quando necessário, complemente com a terminação adequada.

a. Ich kenne den Film, aber er ist (langweilig) ....

A2 b. Viele Menschen möchten gerne (reich) .... werden.

c. Für den Winter braucht sie eine (warm) .... Winterjacke.

d. Geben Sie mir bitte den (alt) .... Gouda.

B1 e. Die Studenten müssen ein (deutsch) .... Wörterbuch kaufen.

f. Es riecht (köstlich) .... nach (frisch) .... Brot.

g. Student (25) sucht (nett) .... WG in Uninähe.

A2 ❹ **Advérbio**

Insira nas frases a seguir o advérbio adequado:
umsonst, draußen, jetzt, gern, links, selten

a. Ich mag keine Süßigkeiten, aber Bananeneis esse ich ....

b. Tut mir leid, ich habe .... keine Zeit.

B1 c. Gehen Sie die nächste Straße .... und dort ist das Rathaus.

Testes

d. Wir sehen uns nur .... , aber wir

   telefonieren jede Woche.

e. Gehen wir nach .... in den Biergarten! **B2**

f. Der Kunde hat sich anders entschieden. Wir haben

   das Projekt .... gemacht.

5 Comparação **A2**
Complete as orações com as formas corretas do comparativo e do superlativo.

a. Nimm die U-Bahn! Sie ist (schnell) .... als

   der Bus.

b. Wir fahren dieses Jahr in den Süden in Urlaub. Dort

   ist es (heiß) .... als in Deutschland.

c. Auf dem Land sieht man die Sterne (gut) **B1**

   .... als in der Stadt.

d. Der (kalt) .... Ort der Welt liegt in Sibirien.

e. Hamburg war ab 1900 der (wichtig) ....

   Auswandererhafen.

f. Welchen Sportler bewundern Sie (viel) .... ?

g. Wir müssen noch (wirksam) ....

   Medikamente gegen den Virus finden.

Testes

A2 **6 Pronome**

Insira os pronomes corretos: meine, ihr, es, mir, sie, ihnen, ich, ihn, Ihre, du

a. Haben Sie Frau Müller gesehen? – Ja, ... ist in der Cafeteria.

b. Wem gehört diese Jacke? – Das ist ....

c. Wolltest du dir nicht ein neues Auto kaufen? – Ja, ich kaufe .... im Oktober.

d. Was schenkt .... Daniel und Erika zur Hochzeit? – Ich glaube, wir schenken .... Geld.

e. .... habe einen Käsekuchen gebacken. Möchtest .... probieren?

f. Entschuldigen Sie! Hier liegt eine Kamera. Ich glaube, das ist ....

A2 **7 Verbo**

Complete as frases a seguir com a forma correta dos verbos: anfangen, können, arbeiten, müssen, werden, sprechen, wollen

a. Dan hat einen neuen Job. Er .... jetzt als Trainer im Fitnessstudio.

b. Paula .... sehr gut Englisch und Französisch.

c. In den Ferien .... Christine unbedingt zu ihrem Freund nach Italien.

Testes

d. Weißt du es schon? Andreas ……………………… im September Vater!

e. Geht ihr schon zum Tanzkurs? – Nein, er ……………………… erst nächste Woche ……………………… .

f. Leider ……………………… ich nicht zu deiner Party kommen. Ich ……………………… bis 22 Uhr arbeiten.

8 Indicativo

A1

Insira as formas verbais corretas do indicativo na forma verbal indicada.

a. Herr Schulz (nehmen) ……………………… das Steak mit Salat und Pommes Frites. (presente)

b. Gehst du heute zum Sport? – Ich (wissen) **A2** ……………………… es noch nicht. (presente)

c. Wir sind spät! Der Unterricht (anfangen) ……………………… schon ……………………… . (perfeito)

d. Frau Weiß ist nicht da. Sie (fahren) ……………………… **B1** gestern nach Berlin ……………………… . (perfeito)

e. Die Außenminister (treffen) ……………………… sich in Genf und (sprechen) ……………………… über mögliche Lösungen des Konflikts. (pretérito)

f. Nachdem die Freunde das Restaurant (verlassen) .... (mais-que-perfeito), (gehen) .... sie noch in eine Kneipe. (pretérito)

g. Morgen (regnen) .... es wieder .... (futuro I)

B1 **9 Subjuntivo**
Complete as frases com o conteúdo entre parênteses no subjuntivo II.

a. Sie ist Friseurin, aber (lieber Schauspielerin sein)

    ....

b. Frauke hat ein Pony, aber (lieber ein Pferd haben)

    ....

c. Herr Krause wäre froh, wenn (Chinesisch sprechen können) ....

d. Es wäre besser, wenn (früher aufstehen) ....

    ....

e. Sie hat wenig Geld, aber sie tut so, als ob (sehr reich sein) ....

f. Wenn ich Zeit hätte, (gerne mal wieder in die Oper gehen) ....

Testes

10 Imperativo (A1)
Insira as formas do infinitivo no imperativo para a 2ª pessoa do singular e do plural.

	du	ihr
a. ins Bett gehen	....	....
b. Vokabeln lernen	....	....
c. mich anrufen	....	....
d. losfahren	....	....
e. leise sein	....	....
f. die Tür aufmachen	....	....
g. das Auto nehmen	....	....

11 Infinitivo (B1)
Complete com zu onde for necessário.

a. Es ist wichtig, pünktlich bei der Arbeit .... sein.

b. Er kann sich nicht an diese Frau .... erinnern.

c. Die Regierung plant, das Gesetz noch dieses Jahr .... verabschieden.

d. Es wird Zeit, die Äpfel .... ernten.

e. Das Ehepaar lässt jedes Jahr ein neues Foto von sich .... machen.

f. Ich habe keine Lust, dieses Jahr schon wieder nach Mallorca .... fliegen.

g. Das richtige Geschenk ……….. finden, ist nicht so leicht.

B1 **12 Particípio**
Complete as sentenças com o particípio I ou com o particípio II na forma correta.

a. Sie bringt das (lesen) …………………….. Buch in die Bibliothek zurück.

b. Die Mutter legt das (schlafen) …………………….. Kind in sein Bett.

c. Er fragte sie (lächeln) …………………….. nach ihrem Namen.

d. Alle freuten sich sehr über die (mitbringen) ……………………………….. Geschenke.

e. Die Feuerwehr versucht die Bewohner aus dem (brennen) …………………….. Haus zu befreien.

f. Langsam näherten sie sich der (zerstören) ……………………………….. Stadt.

g. Er warf den (singen) …………………….. Straßenmusikern eine Münze in den Hut.

Testes

13 **Voz passiva** B2

Formule sentenças na voz passiva e atente para a forma verbal adequada.

a. Die Polizei untersucht den Mordfall seit drei Monaten.

....

b. Die Firma produziert die Maschinen in Rumänien.

....

c. Die Sportler mussten den Wettkampf am folgenden Tag fortsetzen.

....

d. Man isst in der Weihnachtszeit viele Kekse und Lebkuchen.

....

e. Der Arzt untersuchte die Patientin und schickte sie dann ins Krankenhaus.

....

f. Man darf in öffentlichen Gebäuden nicht mehr rauchen.

....

g. Am Montag hat der Bürgermeister das neue Theater eingeweiht.

....

h. Man musste das Stadion wegen Überfüllung zwischenzeitlich schließen.

....

⑭ Conjunção

Complete as sentenças com as seguintes conjunções, de modo que façam sentido: aber, weil, oder, wenn, obwohl, als, und e während

a. Möchtest du heute ins Kino gehen .... lieber Peter und Inga besuchen?

b. Herr Stern kommt aus Deutschland, ... jetzt lebt er in Argentinien.

c. Seine Hobbys sind Schwimmen .... Klavier spielen.

d. Mach bitte alle Lampen aus, ... du weggehst.

e. Die Freunde kaufen ihr eine schöne CD, ... sie Geburtstag hat.

f. Die Sängerin übt neue Lieder, ... sie ihr Apartment aufräumt.

g. Sie fährt Schlittschuh, ... es ihr keinen Spaß macht.

h. Sie war noch ein Kind, ... der Vater die Familie verließ.

Testes

15 Oração · A2

Algumas orações estão completas, outras não. Quais dos complementos a seguir se adequam a qual oração? die Grammatik, den neuen Professor, dem Patienten, die Sehenswürdigkeiten

a. Paul kennt ....
b. Der Zug hält an ....
c. Sie zeigen uns ....
d. Die Krankenschwester hilft ....
e. Es schneit ....
f. Wir verstehen ....

16 Posição dos termos na oração · B1

Encontre o erro na estrutura das frases e as reescreva.

a. Hat Herr Schmidt gestern seine Tochter in Nürnberg besucht.

....

b. Heute kauft im Supermarkt die Frau Gemüse und Fleisch.

....

c. Wann kommst du an in Hannover?

....

d. Du kommst auch aus Spanien? · B1

....

e. Die Kinder sind vor Schulbeginn noch schnell zum Kiosk gestern gelaufen.

....

f. Er möchte wissen, ob kommt der Zug pünktlich in Paris an.

....

g. Bei Sonnenuntergang machte er einen Heiratsantrag ihr am Meer.

....

B1 **17 Negação**
Escreva respostas negativas às seguintes frases.

a. Kennen Sie die neue Kollegin schon?

....

b. Wissen Sie, ob Herr Müller verheiratet ist?

....

c. Ist heute jemand zur Ausstellung im Stadtcafé gekommen?

....

d. Hast du noch Holz für den Ofen?

....

e. Waren Sie schon einmal in Asien?

....

f. Verstehst du etwas von Versicherungen?

....

Testes

18 Discurso indireto B2

Reescreva as frases abaixo no discurso indireto.

a. In dem Roman geht es um eine ungewöhnliche Reisebekanntschaft.

   Er sagt, ...

b. Die Probleme sind gelöst.

   Sie versichert, ...

c. Der Konflikt zwischen der Regierung und den Rebellen hat sich noch verschärft.

   Der Reporter berichtet, ...

   ....

d. Ich weiß es nicht.

   Sie sagt, ...

e. Das Medikament ermöglicht den Patienten ein fast normales Leben.

   Die Ärzte glauben, ...

   ....

f. Morgen wird es eine Einigung geben.

   Er versicherte, ...

g. Wir haben rosa Delfine gesehen!

   Sie erzählten, ...

Respostas

1. Artigo
a. Herr Klein liebt das Bild von Mona Lisa.
b. Michael hat eine Schwester und einen Bruder.
c. Sein Vater ist – Polizist von Beruf.
d. Ich möchte eine Tasse Kaffee trinken, aber der Kaffee ist kalt.
e. Meine Freundin fliegt heute in die Türkei.
f. Wir brauchen noch – Tomaten und ein Stück Käse.

2. Substantivo
a. die Tische
b. die Katzen
c. die Autos
d. die Schülerinnen
e. die Väter
f. die Handtücher
g. die Koffer
h. die Uhren

3. Adjetivo
a. Ich kenne den Film, aber er ist langweilig.
b. Viele Menschen möchten gerne reich werden.
c. Für den Winter braucht sie eine warme Winterjacke.
d. Geben Sie mir bitte den alten Gouda.
e. Die Studenten müssen ein deutsches Wörterbuch kaufen.
f. Es riecht köstlich nach frischem Brot.
g. Student (25) sucht nette WG in Uninähe.

4. Advérbio
a. Ich mag keine Süßigkeiten, aber Bananeneis esse ich gern.
b. Tut mir leid, ich habe jetzt keine Zeit.
c. Gehen Sie die nächste Straße links und dort ist das Rathaus.
d. Wir sehen uns nur selten, aber wir telefonieren jede Woche.
e. Gehen wir nach draußen in den Biergarten!
f. Der Kunde hat sich anders entschieden. Wir haben das Projekt umsonst gemacht.

5. Comparação
a. Nimm die U-Bahn! Sie ist schneller als der Bus.
b. Wir fahren dieses Jahr in den Süden in Urlaub. Dort ist es heißer als in Deutschland.
c. Auf dem Land sieht man die Sterne besser als in der Stadt.
d. Der kälteste Ort der Welt liegt in Sibirien.
e. Hamburg war ab 1900 der wichtigste Auswandererhafen.
f. Welchen Sportler bewundern Sie am meisten?
g. Wir müssen noch wirksamere Medikamente gegen den Virus finden.

6. Pronome
a. Haben Sie Frau Müller gesehen? – Ja, sie ist in der Cafeteria.
b. Wem gehört diese Jacke? – Das ist meine.
c. Wolltest du dir nicht ein neues Auto kaufen? – Ja, ich kaufe es mir im Oktober.

Respostas

d. Was schenkt ihr Daniel und Erika zur Hochzeit? – Ich glaube, wir schenken ihnen Geld.
e. Ich habe einen Käsekuchen gebacken. Möchtest du ihn probieren?
f. Entschuldigen Sie! Hier liegt eine Kamera. Ich glaube, das ist Ihre.

7. Verbo
a. Dan hat einen neuen Job. Er arbeitet jetzt als Trainer im Fitnessstudio.
b. Paula spricht sehr gut Englisch und Französisch.
c. In den Ferien will Christine unbedingt zu ihrem Freund nach Italien.
d. Weißt du es schon? Andreas wird im September Vater!
e. Geht ihr schon zum Tanzkurs? – Nein, er fängt erst nächste Woche an.
f. Leider kann ich nicht zu deiner Party kommen. Ich muss bis 22 Uhr arbeiten.

8. Indicativo
a. Herr Schulz nimmt das Steak mit Salat und Pommes Frites.
b. Gehst du heute zum Sport? – Ich weiß es noch nicht.
c. Wir sind spät! Der Unterricht hat schon angefangen.
d. Frau Weiß ist nicht da. Sie ist gestern nach Berlin gefahren.
e. Die Außenminister trafen sich in Genf und sprachen über mögliche Lösungen des Konflikts.
f. Nachdem die Freunde das Restaurant verlassen hatten, gingen sie noch in eine Kneipe.
g. Morgen wird es wieder regnen.

9. Subjuntivo
a. Sie ist Friseurin, aber sie wäre lieber Schauspielerin.
b. Frauke hat ein Pony, aber sie hätte lieber ein Pferd.
c. Herr Krause wäre froh, wenn er Chinesisch sprechen könnte.
d. Es wäre besser, wenn du früher aufstehen würdest.
e. Sie hat wenig Geld, aber sie tut so, als ob sie sehr reich wäre.
f. Wenn ich Zeit hätte, würde ich gerne mal wieder in die Oper gehen.

10. Imperativo
a. Geh ins Bett! Geht ins Bett!
b. Lern die Vokabeln! Lernt die Vokabeln!
c. Ruf mich an! Ruft mich an!
d. Fahr los! Fahrt los!
e. Sei leise! Seid leise!
f. Mach die Tür auf! Macht die Tür auf!
g. Nimm das Auto! Nehmt das Auto!

11. Infinitivo
a. Es ist wichtig, pünktlich bei der Arbeit zu sein.
b. Er kann sich nicht an diese Frau – erinnern.
c. Die Regierung plant, das Gesetz noch dieses Jahr zu verabschieden.
d. Es wird Zeit, die Äpfel zu ernten.
e. Das Ehepaar lässt jedes Jahr ein neues Foto von sich – machen.
f. Ich habe keine Lust, dieses Jahr schon wieder nach Mallorca zu fliegen.
g. Das richtige Geschenk zu finden, ist nicht so leicht.

Respostas

12. Particípio
a. Sie bringt das gelesene Buch in die Bibliothek zurück.
b. Die Mutter legt das schlafende Kind in sein Bett.
c. Er fragte sie lächelnd nach ihrem Namen.
d. Alle freuten sich sehr über die mitgebrachten Geschenke.
e. Die Feuerwehr versucht die Bewohner aus dem brennenden Haus zu befreien.
f. Langsam näherten sie sich der zerstörten Stadt.
g. Er warf den singenden Straßenmusikern eine Münze in den Hut.

13. Voz passiva
a. Der Mordfall wird seit drei Monaten (von der Polizei) untersucht.
b. Die Maschinen werden (von der Firma) in Rumänien produziert.
c. Der Wettkampf musste (von den Sportlern) am folgenden Tag fortgesetzt werden.
d. In der Weihnachtszeit werden viele Kekse und Lebkuchen gegessen.
e. Die Patientin wurde (vom Arzt) untersucht und dann ins Krankenhaus geschickt.
f. In öffentlichen Gebäuden darf nicht mehr geraucht werden.
g. Am Montag wurde das neue Theater (vom Bürgermeister) eingeweiht.
h. Das Stadion musste wegen Überfüllung zwischenzeitlich geschlossen werden.

14. Conjunção
a. Möchtest du heute ins Kino gehen oder lieber Peter und Inga besuchen?
b. Herr Stern kommt aus Deutschland, aber jetzt lebt er in Argentinien.
c. Seine Hobbys sind Schwimmen und Klavier spielen.
d. Mach bitte alle Lampen aus, wenn du weggehst.
e. Die Freunde kaufen ihr eine schöne CD, weil sie Geburtstag hat.
f. Die Sängerin übt neue Lieder, während sie ihr Apartment aufräumt.
g. Sie fährt Schlittschuh, obwohl es ihr keinen Spaß macht.
h. Sie war noch ein Kind, als der Vater die Familie verließ.

15. Oração
a. den neuen Professor
b. –
c. die Sehenswürdigkeiten
d. dem Patienten
e. –
f. die Grammatik

16. Posição dos termos na oração
a. Herr Schmidt hat gestern seine Tochter in Nürnberg besucht.
b. Heute kauft die Frau im Supermarkt Gemüse und Fleisch.
c. Wann kommst du in Hannover an?
d. Kommst du auch aus Spanien?
e. Die Kinder sind gestern vor Schulbeginn noch schnell zum Kiosk gelaufen.
f. Er möchte wissen, ob der Zug pünktlich in Paris ankommt.

Respostas

g. Bei Sonnenuntergang machte er ihr einen Heiratsantrag am Meer.

17. Negação

a. Nein, ich kenne sie noch nicht.
b. Nein, das weiß ich nicht.
c. Nein, es ist niemand gekommen.
d. Nein, ich habe keins/kein Holz mehr.
e. Nein, ich war noch nie in Asien.
f. Nein, ich verstehe nichts davon/ von Versicherungen.

18. Discurso indireto

a. Er sagt, in dem Roman gehe es um eine ungewöhnliche Reisebekanntschaft./ dass es in dem Roman um eine ungewöhnliche Reisebekanntschaft gehe.
b. Sie versichert, die Probleme seien gelöst./ dass die Probleme gelöst seien.
c. Der Reporter berichtet, der Konflikt zwischen der Regierung und den Rebellen habe sich noch verschärft./ dass sich der Konflikt zwischen der Regierung und den Rebellen noch verschärft habe.
d. Sie sagt, sie wisse es nicht./ dass sie es nicht wisse.
e. Die Ärzte glauben, da Medikament ermögliche den Patienten ein fast normales Leben./ dass das Medikament den Patienten ein fast normales Leben ermögliche.
f. Er versicherte, es werde morgen eine Einigung geben./ dass es morgen eine Einigung geben werde.
g. Sie erzählten, sie hätten rosa Delfine gesehen./ dass sie rosa Delfine gesehen hätten.

Respostas dos testes de nível

Aqui, juntamente com a avaliação de seus resultados, você terá recomendações para melhorar seus conhecimentos da língua.

Respostas A1

1. Artigo
a. Sie müssen noch das Formular ausfüllen.
b. Heute ist der Chef im Urlaub.
c. Mir gefällt die Musik überhaupt nicht.
d. Gibst du mir bitte den Käse?

2. Substantivo
a. die Gärten
b. die Gläser
c. die Sprachen

3. Pronome pessoal
a. Wo ist Sabine? Hast du sie gesehen?
b. Hallo Klaus. Ich muss dich was fragen.
c. Ruth und Hans, ich rufe euch morgen an.

4. Presente
a. Herr Joop ist 41 Jahre alt.
b. Oh, du hast ja eine neue Brille!
c. Welche Zeitung liest Claudia?
d. Fährst du mit dem Auto?

5. Verbos modais
a. Möchtest du noch etwas Fleisch?
b. Ich bin krank. Ich muss zum Arzt gehen.
c. Darf man hier rauchen?
d. Frau Pauli, Sie können hier warten.

6. Perfeito
a. Gestern hat Herr Kreist bis 20 Uhr gearbeitet.
b. Gestern haben wir Schweinebraten mit Sauerkraut gegessen.
c. Gestern habe ich die Miete überwiesen.

Recomendações

1–7 pontos: seu conhecimento ainda é básico e muito frágil. O melhor a fazer é debruçar-se mais uma vez sobre o estágio A1.

8–14 pontos: muito bem! Você já tem bons conhecimentos esperados para o nível A1, mas ainda apresenta alguns pontos fracos. Revise alguns temas.

15–21 pontos: excelente! Você tem sólidos conhecimentos do estágio A1 e pode passar ao nível A2.

Respostas dos testes de nível

Respostas A2

1. Artigo possessivo
a. Karl zeigt seiner Kollegin das Café.
b. Die Musik gefällt meinem Sohn sehr.
c. Ich kann Ihrem Mann diese Salbe empfehlen.
d. Er hat seiner Frau nicht zugehört.

2. Adjetivo
a. Wo hat sie die schönen Blumen gekauft?
b. In der Küche steht ein runder Esstisch.
c. Wie finden Sie den neuen Wagen?
d. Ich suche ein wertvolles Geschenk.

3. Comparação
a. Berlin ist größer als Hamburg. / Berlin hat mehr Einwohner als Hamburg.
b. Der Rhein ist länger als der Main.
c. Der Mont Blanc ist höher als die Zugspitze.

4. Pronome relativo
a. Ich muss mich um die Blumen meiner Nachbarin kümmern.
b. Hast du dich schon bei ihr entschuldigt?
c. Ihr müsst euch beeilen. Der Zug fährt gleich ab.
d. Hannes unterhält sich noch mit seinem Kollegen.

5. Pretérito
a. Letzten Sommer waren wir in Rom.
b. Musstet ihr viel für die Reise bezahlen?
c. Nein, wir hatten ein sehr günstiges Hotel.
d. Ich konnte leider keinen Urlaub machen.

6. Conjunção
a. 3
b. 2
c. 1

Recomendações

1–7 pontos: você ainda está no início do nível A2 e deve revisar os temas de forma aprofundada.

8–15 pontos: você está indo bem! Seus conhecimentos do nível A2 já vão de vento em popa! Antes de iniciar o B1, é bom revisar alguns temas.

16–22 pontos: excelente! Você apresenta um conhecimento seguro dos temas gramaticais do nível A2 e pode passar ao nível B1.

Respostas B1

1. Genitivo
a. Dies ist das Zimmer meines Sohnes.
b. Frau Schulz sucht das Halsband ihrer Katze.
c. Sie müssen mir die Vorteile der Produkte unbedingt erklären.
d. Der Garten unserer Nachbarin ist sehr gepflegt.

Respostas dos testes de nível

2. Pronome relativo
a. Zala ist ein Restaurant, in dem man gut essen kann.
b. Das ist Frau Ort, von der ich dir schon erzählt habe.
c. Die Kinder, denen wir Nachhilfe gegeben haben, haben gute Noten bekommen.

3. Futuro
a. Ich werde über das Angebot nachdenken.
b. Wir werden in zwei Jahren eine Weltreise machen.
c. Er wird ihre Worte nie vergessen.

4. Mais-que-perfeito
a. Vorher hatte er einen Termin vereinbart.
b. Sie aß erst, nachdem sie geduscht hatte.
c. Zuerst war er ins falsche Gebäude gegangen.

5. Voz passiva
a. Beim Arzt werden Patienten behandelt.
b. Im Studio werden Filme gedreht.
c. In der Disco wird getanzt.

6. Oração interrogativa indireta
a. Er will wissen, wann der Bus kommt.
b. Sie hat gefragt, ob du gerade arbeitest.
c. Darf ich fragen, wer hier zuständig ist?

Recomendações

1–6 pontos: revise todos os temas relevantes do nível B1 mais uma vez.

7–13 pontos: muito bem! Você já tem alguns conhecimentos do nível B1, mas deve aperfeiçoá-los, revisando os temas que ainda não domina.

14–19 pontos: excelente! Você realmente conhece os temas do nível B1 e pode passar ao B2.

Respostas B2

1. Particípio atributivo
a. Man kann schon die schreienden Affen hören.
b. Die Lotion hat eine schützende Funktion.
c. Die Firma hat Anträge mit falsch berechneten Beträgen geschickt.
d. Sie brachten uns eine aus Holz geschnitzte Figur mit.

2. Futuro II
a. Er wird sicher schon losgefahren sein.
b. Was wird da wohl passiert sein?
c. Bis morgen werden Sie den Bericht fertig geschrieben haben!

3. Discurso indireto
a. Der Manager versichert, er habe mit der Affäre nichts zu tun.
b. Christoph meint, er sei ein ausgezeichneter Koch.

Respostas dos testes de nível

c. Der Chef sagte, es werde keine Entlassungen geben.

4. Voz passiva
a. Das Gebäude wird nächstes Jahr restauriert werden.
b. Über die Vergangenheit wurde nie gesprochen.
c. Die Mitglieder waren vorher nicht eingeweiht worden.

5. Advérbio conjuncional
a. Der Minister wird teilnehmen, jedoch erst am zweiten Tag anreisen.
b. Sie müssen sich sofort melden, andernfalls wird ihr Platz vergeben.
c. Er kam oft zu spät, folglich wurde ihm gekündigt.

Recomendações

1–5 pontos: ainda não é o suficiente para o nível B2. Você deve trabalhar os temas importantes deste nível mais uma vez e de maneira profunda.

6–11 pontos: você está indo bem! Está quase dominando o nível B2. Apenas revise mais uma vez alguns temas.

12–16 pontos: excelente! Você comprovou ter conhecimentos do nível A1 até o B2.